Johannes Volmert

Ernst Jünger: »In Stahlgewittern«

Wilhelm Fink Verlag München

ISSN 0340-7225
ISBN 3-7705-2174-9

Gesamtherstellung: Ferdinand Schöningh, Paderborn
Einbandgestaltung: Alfred Krugmann, Stuttgart

INHALT

I. Einführung 7

II. Text, Autor, Geschichte 10

1. Rezeptionsgeschichte: Das Image des Autors und das soziokulturelle Umfeld in den zwanziger Jahren . . 10
2. Das „Kriegstagebuch“ und seine wechselvolle Geschichte 14
3. Exkurs: Zur Sozialisation und zur psychischen Konstitution des „soldatischen Mannes“ 19

III. Zur Erzählstruktur des „Kriegstagebuches“ . . . 25

1. Stoff und Stoffbewältigung 25
2. Die interne Struktur der Handlungsstränge . . . 40

IV. Kritische Textlektüre: Analyse und Interpretation . 46

1. Ästhetik des Grauens: Grenzerfahrungen 46
   — Blutige Bilder und sensatorische Verarbeitung . . 46
   — Kultivierung ästhetischer Grenzzustände . . . 49
   — Entrückte Zustände 52
2. Mythisierung der Materialschlacht 54
   — Kriegslandschaften, Schlachtenbilder 55
3. Vitalismus und Todessehnsucht 59
4. Ästhetisierung von Massenmord und Massensterben . 62
5. Auswertung: Selbstdeutungen und psychoanalytische Hintergründe 71
6. Kriegertum — Führerkult — Herrenrasse 77
7. Feindbilder: Kavaliere — Erbfeinde — Untermenschen 86
   — Familiale Kodierung von Feindbildern 91
8. Der Sinn des Krieges — Von den menschlichen Betrachtungen zur weltgeschichtlichen Perspektive 96

Anmerkungen 105

V. Zeittafel 119

VI. Literaturhinweise 126

I. EINFÜHRUNG

Ernst Jüngers Frühwerk „In Stahlgewittern" kann nach heutigen Maßstäben als Bestseller der dreißiger und frühen vierziger Jahre gelten. In den Kreisen der Reichswehr, unter der „patriotischen", alldeutschen und „national" denkenden Rechten ist es bereits seit Mitte der zwanziger Jahre eine Art Pflichtlektüre gewesen.[1] Für die hohe Attraktivität und die psychologische Breitenwirkung des „Kriegstagebuches" lassen sich vor allem zwei Ursachen benennen:

1. Die „Stahlgewitter" gehören zu jener breiten Welle von Literatur über den I. Weltkrieg, die motiviert ist durch die Leugnung der militärischen Niederlage bzw. die empfindliche Demütigung des kollektiven Selbstwertgefühls der „Nation".

2. Die „Stahlgewitter" bieten nicht nur ein identifikatorisches Nacherleben des Krieges in anspruchsvoller literarischer Form, sie bekommen auch eine wichtige Funktion als propagandistisches Instrument im Dienste einer neuen Militarisierung des politischen Lebens, einer Erziehung zum Kriege.[2]

Das Analyseverfahren der vorliegenden Arbeit kann aus Raumgründen die vielfältigen Kontroversen um die Kriegstagebücher Jüngers nicht ausführlich einbeziehen.[3] Ebensowenig soll erneut zur Sprache kommen, was andernorts zur Erzählweise des Jüngerschen Frühwerks gesagt worden ist.[4] Müßig dürfte es inzwischen auch sein, den „geistigen Schichten", den Paradoxien, Antinomien und Doppelrollen der Autorpersönlichkeit Jüngers neue hinzufügen zu wollen bzw. nach bisher unentdeckten zu fahnden.[5] Der Schwerpunkt soll dagegen auf einer historischen, sozialkritischen Analyse der „Stahlgewitter" liegen; zu diesem Zweck wollen wir zunächst eine Reihe von Faktoren aus der Biographie des Autors einerseits, aus der Werk- und Rezeptionsgeschichte des Buches andererseits vergegenwärtigen, Faktoren, die das Vorverständnis für die sprachliche Untersuchung mitbestimmen (Kap. II). Eine knappe Skizze soll im Anschluß daran die Grundlinien der Darstellungsweise, der Erzähloperationen und der Bearbeitungsprinzipien in den „Stahlgewittern" hervortreten lassen (Kap. III).

Der Hauptteil der Studie (Kap. IV) ist einer detaillierten Textarbeit gewidmet, die den psychischen Prozessen des Beschreibens (des symbolischen Fixierens, „Bannens") und des Sich-Abarbeitens

(Sublimierens, Verdrängens, Abwehrens) an dem Stoff „Kriegserleben" nachspürt und die Erregungszustände und Betroffenheiten des Erzählers/Berichterstatters nachzeichnet.

Diese Vorgehensweise bedingt ein ausführlicheres Zitieren, als das sonst bei Interpretationen üblich ist; mit der Kapitelüberschrift „Kritische Textlektüre" ist dieses Verfahren des schrittweisen, intensiven Nachvollzugs angedeutet.

Die Einzelaspekte dieser Textlektüre (Absch. IV, 1 — IV, 8) stehen für den ideologiekritischen Anspruch der Untersuchung. Der Stoff (der heroische Einzelne in den Kämpfen und Materialschlachten des I. Weltkrieges) wird keineswegs als belangloses oder zufälliges Sujet der ästhetischen Wahrnehmung und der literarischen Phantasie angesehen, sondern in seinem Symptomcharakter für den politischen und sozialen Bedeutungsgehalt des Buches bestimmt.

Bei der Analyse taucht eine Reihe psychologischer, vor allem psychoanalytischer Begriffe auf[6], die wir auch auf andere Kriegsbücher Jüngers (aus dem I. Weltkrieg) anwenden, insbesondere auf den Essay „Der Kampf als inneres Erlebnis". Gerade dieser frühe Versuch Jüngers enthält ausgiebige Passagen, die als psychische Protokolle des „soldatischen Mannes" gelesen werden können.[7]

Zur Zitierweise sei folgendes angemerkt:

Als Textgrundlage verwenden wir die 6. Fassung der „Stahlgewitter", wie sie seit 1961 in den „Werken" vorliegt, und zwar in der Ausgabe der „Sämtlichen Werke"[8]. Zusätzlich werden in ausgewählten Fällen frühere Ausgaben der „Stahlgewitter" zum Vergleich herangezogen. Als Studie der Reihe „Text und Geschichte" hat sich auch diese Arbeit dem Anspruch zu stellen, daß die historisch-kritische Analyse Vorrang vor werkimmanenten bzw. rein poetologisch-ästhetischen Fragestellungen genießt. In der wechselvollen Geschichte der Überarbeitungen und Neufassungen erscheinen die Fassungen von 1924 (2. Bearbeitung, 3. Fassung) und die von 1935 (4. Bearbeitung, 5. Fassung) als markante Wendepunkte in der Werkgeschichte des frühen Jünger.

Die Fassung von 1924 ist die erste literarische, aber auch politisch-ideologische Ausarbeitung des Tagebuchstoffes; die Neubearbeitung von 1934 (erschienen 1935), von Böhme als die „stille Fassung" apostrophiert[9], kennzeichnet nach dessen Meinung den Weg Jüngers in die „innere Emigration" (vgl. u., Abschn. II, 2). Diese 5. Fassung ist auch als Vorlage für die „Werke"[10] verwendet worden; auf lange Passagen gibt es nur minimale, an einzelnen

Stellen aber gravierende Änderungen im Wortlaut. (Als Vorarbeit für die Analyse haben wir eine Synopse verschiedener Fassungen der „Stahlgewitter" durchgeführt.) Die Fassung von 1935 ist gewissermaßen der „Mittler" zwischen dem nationalistischen Kriegsbuch der 20er Jahre (3. Fassung) und dem „belletristischen Werk" in der Gesamtausgabe.

Rezeptionsgeschichtlich erscheint bemerkenswert, daß die „Stahlgewitter" erst in dieser Form zum eigentlichen Bestseller aufgestiegen sind: mehr als 150 000 Exemplare sind von der 5. Fassung bis zum Kriegsende gedruckt worden.

Für die am häufigsten zitierten Werke Jüngers werden in der Arbeit folgende Siglen verwendet:

SW	Ernst Jünger: Sämtliche Werke, 18 Bde, Stuttgart 1978 bis 1983 (z. B. SW10, 54 = Sämtliche Werke, Bd. 10, S. 54)
St	Ernst Jünger: In Stahlgewittern, in: SW 1, S. 11—300
KiE	Ernst Jünger: Der Kampf als inneres Erlebnis, in: SW7, S. 11—104[11]
FBl	Ernst Jünger: Feuer und Blut. Ein kleiner Ausschnitt aus einer großen Schlacht, in: SW1, S. 439—538
W125	Ernst Jünger: Das Wäldchen 125, in: SW1, S. 301—438
W	Ernst Jünger: Werke, Stuttgart o. Jg. (1961 ff.) (z. B. W10, 245 = Werke, Bd .10, S. 245)[12]

Wenn aus anderen Auflagen der Texte zitiert wird, erscheint dazu in der Anmerkung jeweils ein ausdrücklicher Vermerk (z. B. St 1925, 12 = Ernst Jünger: In Stahlgewittern, 6. Aufl. (16.—18. Tsd.), Berlin 1925, S. 12).

II. TEXT, AUTOR, GESCHICHTE

1. Rezeptionsgeschichte: Das Image des Autors und das soziokulturelle Umfeld in den zwanziger Jahren

Es wird im Rahmen dieser Arbeit kaum nachweisbar sein, ob Jünger in den zwanziger Jahren der entscheidende „Vorreiter" des „soldatischen Nationalismus"[1] gewesen ist und ob von seinen Schriften wesentliche Impulse für die bündischen und nationalrevolutionären Bewegungen ausgegangen sind. Dazu bedürfte es, wie Liebchen festgestellt hat[2], eines beträchtlichen Aufwandes an historischer Forschung.[3] Doch läßt sich der ideologische Standort Jüngers in der Weimarer Zeit relativ genau bestimmen, wenn man seine gesamten schriftstellerischen und publizistischen Äußerungen sorgfältig auswertet und seine Kontakte und Gruppenbindungen in dieser Zeit genau unter die Lupe nimmt. Ebenso läßt sich, wenn man so gründlich wie Liebchen die Distribution der Schriften recherchiert, einiges über sein Publikum (das seiner Bücher und das seiner Zeitschriftenbeiträge) sagen, da es aus der Reichweite der Verlage, aus der quantitativen und qualitativen Struktur der Leserschichten wenigstens in Umrissen zu bestimmen ist.[4] Allerdings muß man sich gerade bei der Beschreibung von Jüngers gesellschaftlichen Perspektiven, seiner Position in den gesellschaftlichen Kontaktgruppen und seines ideologischen Standorts hüten, nicht die Selbstdarstellungen und -deutungen des Autors zu übernehmen. Dieser Gefahr sind sich die meisten der Jünger-Interpreten offensichtlich nicht bewußt gewesen: Bis heute werden Selbstinterpretationen Jüngers in literaturwissenschaftlichen Analysen[5] wie historische und biographische Fakten bewertet.

Wenn man zunächst das Selbstbild und das Fremdbild, das Image Jüngers, zu bestimmen sucht, dann sollte man sich das historische Faktum vor Augen halten, das der Autor zu Beginn seiner schriftstellerischen Karriere weder als Belletrist noch als Philosoph oder Mystiker in Erscheinung getreten ist. Jünger galt, auch wenn er mit persönlichen Tagebuchmaterialien arbeitete, ausschließlich als militärischer Fachschriftsteller und -theoretiker.[6] Die Bedeutung seiner ersten Bücher war bestimmt durch das Image und die Reichweite des Mittler-Verlags, eines alteingeführten, konservativ „seriösen“ Militärverlags, der bereits seit 100 Jahren enge Verbindungen zum preußischen Generalstab pflegte (er besaß fast ein Monopol auf den Druck des gesamten militärischen Fachschrifttums).[7]

Jüngers erste Bücher wurden ins Verlagsprogramm aufgenommen als wichtige Diskussionsbeiträge über Grundfragen der vergangenen (und zukünftigen) Kriegführung. Obwohl im Kreise der Ludendorff, von Seeckt, Freytag-Loringhoven und anderer schriftstellernder Generalstabsoffiziere fast etwas deplaziert, genoß der junge Autor Jünger doch Respekt wegen seiner Verdienste als Frontoffizier und als Pour-le-mérite-Träger. Andererseits hatte der Verlag an ihm Interesse, weil Jünger ein Vertreter der „neuen Linie“ war; seine Schriften boten ein anscheinend zukunftsweisendes militärisches Konzept: der nächste Krieg sollte durch eine Elitearmee mit unbegrenzter Einsatz- und Opferfreudigkeit geführt werden. Jüngers Schriften erschienen als „Beleg dafür, daß beim einzelnen Soldaten eine Kampfmoral erreicht werden kann, die auch unter den extremsten Belastungen totaler Kriegführung nicht zusammenbricht. Er führte den Nachweis, daß auch ein ungeschulter Soldat sich bereitwillig den unmenschlichsten Strapazen unterzieht, als handele es sich um genußreiche Abenteuer (...)“[8].

Erst 1925, mit seinen Beiträgen in der „Standarte“ (der Wochenbeilage des „Stahlhelm“), tritt Jünger als Autor aus dem hermetischen Zirkel des militärischen Fachpublikums heraus. Zwar hatte man beim „Stahlhelm“ schon seit 1923 sporadisch für seine Publikationen geworben, aber erst mit seinem vierten Kriegsbuch, „Feuer und Blut“, und den Vorabdrucken zu „Das Wäldchen 125“ erreicht der Autor ein konservatives, militaristisch oder „völkisch“ eingestelltes Massenpublikum. Von diesem erwartete Jünger die Bestätigung seines neuen Anspruchs, als strategischer Denker, als „Philosoph“ des „Stahlhelm“ und als Visionär einer neuen Kriegergeneration aufzutreten. Die „Stahlhelm“-Führung selbst hatte ein prononciertes Interesse daran, „junge literarische Frontsoldaten“[9] für die Schaffung eines theoretischen „Überbaus“ ihrer Massenorganisation zu gewinnen. Diese jungen, durch ihre Meriten als Frontoffiziere ausgezeichneten Autoren sollten „einerseits eine politische Programmdiskussion führen (...) andererseits sollten sie durch Buchpublikationen dem Verband ein geistiges Profil geben“[10].

Ein eigens eingerichteter Buchverlag im „Stahlhelm“ sollte „mit der Zeit ein Sammelpunkt für die literarisch schaffende Frontsoldatengeneration und ihr nahestehende Persönlichkeiten werden“[11].

Die Mitautoren dieses Verlages, in dem Jüngers „Feuer und Blut" ausdrücklich als erste Publikation der Reihe „Die grauen Bücher" präsentiert wurde, waren Helmut Franke, F. W. Heinz, Wilhelm Kleinau, Franz Schauwecker.[12] Franke und Schauwecker gehörten für die nächsten Jahre zu den engsten politisch-ideologischen Verbündeten Jüngers.

So finden wir den Autor der „Stahlgewitter" für gut ein Jahr in der Rolle des „Stahlhelm"-Ideologen: er sollte maßgeblichen Anteil nehmen an der Ausformulierung und Propagierung einer Frontsoldaten-Ideologie, die vor allem in Seldtes politische Zielvorstellungen hineinpaßte; auch sollte sie die vielfältigen politisch-weltanschaulichen Differenzen im „Stahlhelm" überbrücken helfen, um dem Massenverband ein politisches Profil und eine klarere strategische Konzeption zu geben.[13] Für Jünger bedeutete das eine einschneidende Veränderung jenes Heroismus-Konzepts, wie er es in den bisherigen Kriegsbüchern entwickelt hatte. Getreu der Stahlhelm-Ideologie vom klassenversöhnenden Charakter des gemeinsamen Fronterlebnisses, vom Geist der Kameradschaft und der neuen soldatischen Elite ergänzte Jünger seine bisherigen Veröffentlichungen um die soziale Dimension, um den Kameradschafts- und Opfergedanken; in „Feuer und Blut" ist der Niederschlag dieser programmatischen Anforderungen am deutlichsten spürbar.[14] Das alles bedeutete eine Erweiterung der individualistisch-heroischen Landsknechtsideologie im Hinblick auf eine „Weltanschauung", wie sie von einer nach Orientierungen suchenden Massenorganisation der Rechten gefordert wurde.

Wie Liebchen nachgewiesen hat, hatte sich Jünger allerdings mit der Rolle eines ideologischen Wegbereiters, eines „Chefs des Generalstabs" einer großen „Nationalistischen Endfront", zu hohe Ziele gesteckt.[15]. Unüberbrückbar blieben die Differenzen zwischen der „Stahlhelm"-Führung und den jungen Ideologen um Jünger über die strategische Linie des „Bundes der Frontsoldaten". Seldte löste noch 1926 den „Stahlhelm"-Buchverlag auf; ein Teil von dessen literarischen Arbeiten ging in den (ebenfalls „Stahlhelm"-eigenen) Frundsberg-Verlag über.[16] Einem drohenden Verbot der „Standarte" suchte Seldte zuvorzukommen, indem er die Wochenbeilage aus dem „Stahlhelm"-Verlag herausnahm. Es waren nicht so sehr die Inhalte der „Standarte" als vielmehr das rücksichtslose propagandistische Vorgehen der „Ideologen", das Seldte veranlaßte, sich personell und institutionell von der Gruppe zu trennen. Die Radikalität der Aufrufe und die Agitation zum Sturze der Republik gefährdeten den taktischen Legalitätskurs des

„Stahlhelm", der nach der Auflösung der Freikorps und Kampfverbände ebenfalls ein Verbot fürchtete.

Von der „Stahlhelm"-Führung wurde Jünger trotz seines selbstbewußten Auftretens nur mit einer Nebenrolle bedacht: er sollte ideologischer Zuträger und Apologet sein, sollte Helden-Vorbilder liefern, keinesfalls aber eine Führungsposition übernehmen.[17] Mit dieser Rolle war Jünger, je deutlicher er sie erkannte, desto weniger einverstanden; er wollte spiritus rector, Motor und Stabschef der revolutionären „Endfront" sein.

Aus diesen Differenzen erklärt sich vor allem Jüngers schrittweise Loslösung vom „Stahlhelm"-Kreis. Sein Engagement richtete sich zunächst auf eine intensivere Publikationstätigkeit in nationalrevolutionären Gruppen und Organen.[18] Seine Aufrufe, Essays und analytischen Beiträge in den Zeitschriften „Arminius", „Widerstand", „Der Vormarsch" und „Die Kommenden" ließen ihm zwar einen größeren Aktionsspielraum und öffneten seine politischen Perspektiven auf andere völkisch-nationalistische Gruppierungen; zugleich aber entfernte er sich mit ihnen von der Sphäre der unmittelbaren politischen Aktion und Verantwortlichkeit.

Bis etwa 1928/29 hatte sich ein Jünger-Publikum herausgebildet, das alle vier Kriegsbücher des Autors mit etwa dem gleichen Interesse las; daneben gab es einen anderen Leserkreis, der sich nur für die „Stahlgewitter" interessierte.[19] Über die Lesergruppen der Reichswehr, des „Stahlhelm" und „die mit beiden verbundenen zivilen Kreise"[20] gelangte Jünger damals jedoch nicht hinaus. Er besaß also weder eine entwickelte „Rufgestalt" als belletristischer Autor noch ein spezifisches Massenpublikum im Bildungsbürgertum. Liebchen hat festgestellt, daß auch die konservativ und „national" eingestellte Literaturgeschichtsschreibung bis etwa 1930 noch überhaupt keine Notiz von Jünger als Autor genommen hatte.[21]

(Auch in NS-Kreisen fanden die ersten Bücher Jüngers z. T. erst sehr spät Beachtung; so findet sich erst 1926 eine Tagebucheintragung von Goebbels, nach der ersten Lektüre der „Stahlgewitter": „ein glänzendes, großes Buch".[22])

Indem sich Jünger im Laufe des Jahres 1927 allmählich vom „Standarte"- und „Arminius"-Kreis löste, nahm er gleichzeitig Abstand von seinem „Stabschef"-Anspruch der „nationalistischen Endfront". Zunehmend wurde er vorsichtiger bei der Behandlung taktischer und strategischer Fragen des Umsturzes. Er suchte neue Kontakte und neue Orientierungen. Eine Wende zum „unpolitischen" Schriftsteller wurde sichtbar: „Ein solcher Wechsel trug die Chance in sich, Kreise des reaktionären unpolitischen Bildungsbürgertums als Publikum zu gewinnen, aber auch die Gefahr, das Interesse des angestammten Kriegsbücherpublikums zu verlieren, die Enttäuschung seiner Freunde zu vertiefen."[23] Jünger besaß bereits einen Ruf als Kriegsbuch-Autor, lange bevor die eigentliche Kriegsliteraturwelle einsetzte. Seine Wendung ins Esoterisch-Aristokratische, in die „Einsamkeit" des anspruchsvollen Schriftsteller-Philosophen und Essayisten, war mit der Veröffentlichung des „Abenteuerlichen Herzens" vollzogen.[24] Die Kompensation der mißlungenen Stabschef-Karriere in der militanten Rechten gelang durch den allmählichen Aufbau einer neuen Jünger-Gemeinde, die in soziokulturellem Zusammenhang mit seinen früheren Fachpublika stand und die den Weltkriegs-Heroen nun unter veränderten Rezeptionsbedingungen goutierte. Jüngers Weg stand ab jetzt im Zeichen eines bildungsbeflissenen Rückzugs aus dem immer brutaler und „schmutziger" werdenden Geschäft der Kämpfe um die Macht; die konservative, völkische und bündische Rechte, als deren Sprecher sich Jünger immer noch verstand, ordnete sich schließlich dem politischen Machtanspruch der Nationalsozialisten freiwillig unter oder zog sich in die bildungsbürgerliche Isolation zurück.[25]

2. *Das „Kriegstagebuch" und seine wechselvolle Geschichte*

> „Einzigartig in der deutschen Literaturgeschichte ist Jüngers ‚Manie der Bearbeitungen und Fassungen'."[26]

Das Material, das den Grundstoff für die „Stahlgewitter", Jüngers erste „und zugleich erfolgreichste Publikation"[27], geliefert hat, hat Jünger einer lebenslangen, fast kontinuierlichen Verarbeitung unterworfen. Es scheint, als sei das Kriegserleben zu einem Teil seiner literarischen und gesellschaftlichen Identität geworden. Andererseits enthält es auch die Erfolgsrezepte seiner schriftstellerischen Karriere, und Jünger wird von seinem Publikum darin bestätigt. In der 26. Auflage von 1961 (parallel zur Gesamtausgabe erscheint es in der gleichen Fassung als Einzelausgabe) erreicht das Buch das 240. Tausend.[28]

Mit Hilfe der Aufstellung bei Ulrich Böhme[29] und der Recherchen von Gerda Liebchen[30] seien die wechselvolle Geschichte und die vielen Erscheinungsformen des „Stahlgewitter"-Stoffes in den verschiedenen literarischen Arbeiten nachgezeichnet.

Vom Dezember 1914 bis September 1918 führt der Kriegsfreiwillige Ernst Jünger Aufzeichnungen in Tagebuchform; bis zum Kriegsende füllt er 14 Hefte mit diesen Notizen.[31] 1920 veröffentlicht Jünger eine erste Ausarbeitung im Eigenverlag: „In Stahlgewittern. Aus dem Tagebuch eines Stoßtruppführers". Im Untertitel der ersten Ausgabe hält der Debütant noch ausdrücklich am Charakter der Kriegsberichterstattung fest: „Von Ernst Jünger, Kriegsfreiwilliger, dann Leutnant und Kompanieführer im Füs.Rgt. Prinz Albrecht von Preußen (Hannov. Nr. 73)"[32].

1922 übernimmt ein „richtiger" Verlag, der alteingeführte Militärverlag E. S. Mittler & Sohn[33], die Neuausgabe; Jünger erweitert das Buch um etwa sechs Druckseiten, stilistische Veränderungen finden sich noch gar nicht.[34]

1922 entsteht auf der Basis dieses Materials „Der Kampf als inneres Erlebnis", eine Sammlung von 13 relativ selbständigen Essays mit den Titeln: Blut; Grauen; Der Graben; Pazifismus; Mut; Landsknechte; Kontrast; Feuer; Untereinander; Angst; Vorm Feinde; Vorm Kampf. Dieser frühe Versuch Jüngers erscheint heute als das ergiebigste Protokoll der psychischen Zustände und Phantasien des „soldatischen Mannes", der den Krieg als einzige Perspektive seines Daseins kennt und der im Krieg eine neue heroische Identität zu finden sucht.[35]

1924 erscheint die dritte Fassung von „In Stahlgewittern", und sie ist bereits deutlich vom Stil und der „Weltsicht" des „Kampf als inneres Erlebnis" geprägt; die um ca. 35 Druckseiten erweiterte Fassung enthält nun in größerem Umfang reflektierende und essayistische Einschübe.[36] Der Schlußsatz dieser Fassung lautet: „(...) solang noch im Dunkel die Klingen blitzen und flammen, soll es heißen: Deutschland lebt und Deutschland soll nicht untergehen."[37]

Böhme interpretiert, in deutlicher Schonung des literarischen Genius von Jünger, die zitierte Schlußsentenz so:

> „Dieses nationalistische Pathos ist aufgeklebt, paßt nicht zum Charakter der Erlebnisberichte und ist stilistisch von der Plattheit eines lautstarken Trinkspruchs. Wenn ein derartiger Satz aber am Ende eines Buches steht, wirkt er doch als Motto (...)"[38]

1925, mit der 6. Auflage, haben die „Stahlgewitter" bereits das 18. Tausend erreicht.[39] Obwohl Jünger im Offizierskorps der Reichswehr, beim „Stahlhelm" und den Kadern der ehemaligen

Freikorps Förderung und Protektion genießt, fehlt noch die Anerkennung seines literarischen Talents und die Breitenwirkung bei einem gutbürgerlichen Massenpublikum.[40]

Erst 1960 wird von dem Jünger-Forscher Hans-Peter des Coudres eine Erzählung wiederentdeckt, die Jünger vom 11. bis 27. April 1923 im „Hannoverschen Kurier" veröffentlicht hatte („Sturm", Rahmenerzählung in Fortsetzungen). Kurios erscheint an diesem frühen literarischen Versuch, daß diese ebenfalls aus dem Stoff der „Stahlgewitter" extrapolierte Novellen-Fassung dem Autor später aus dem Gedächtnis entschwunden ist.[41]

Aber diese Veröffentlichung fand, wie G. Liebchen recherchiert hat, keine Resonanz bei der Leserschaft, und auch der Mittler-Verlag hatte kein Interesse an der Publikation. Nach der 16. Folge brach Jünger die Erzählung ab.

Noch im Jahre 1924 stellt Jünger seine erste „Ausschnittsvergrößerung" des „Stahlgewitter"-Stoffes als eigene Publikation vor[43]: Die 17 Seiten des „Stahlgewitter"-Kapitels „Englische Vorstöße" bilden die Grundlage für das 254 Seiten starke neue Kriegsbuch „Das Wäldchen 125". Umfangreiche Naturbetrachtungen, genauere topografische und taktische Detailbeschreibungen, vor allem aber agitatorische Visionen einer totalen Mobilmachung und eines neuen, noch gigantischeren Maschinenkrieges ergänzen den spärlichen Kriegsbericht (Untertitel: „Eine Chronik aus den Grabenkämpfen 1918") zu einer Art Handbuch über psychologische Kriegsführung.

1925 erscheint Jüngers viertes Kriegsbuch. Das Material des „Stahlgewitter"-Kapitels „Die Große Schlacht" wird durch zahlreiche reflektierende Einschübe, vor allem aber durch stilistische Ausfeilung und Intensivierung von Erinnerungspartikeln zu einem eigenen „Kriegstagebuch" erweitert. In „Feuer und Blut", Untertitel: „Ein kleiner Ausschnitt aus einer großen Schlacht" bildet der Stoff des „Stahlgewitter"-Kapitels (32 Seiten) den Ereignishintergrund für eine mehr als 200 Seiten lange Erzählung. Böhme beschreibt die Ausgestaltung als eine „Punkt-für-Punkt-Vergrößerung, fast im ‚Rasterverfahren' "[44], und tatsächlich läßt sich hier inhaltlich, im Gegensatz zum „Wäldchen 125", eine engere Anlehnung an den Handlungsablauf der „Stahlgewitter" erkennen.

1926 wird je eine revidierte Fassung von „Kampf als inneres Erlebnis" und „Feuer und Blut" veröffentlicht.[45]

1928 schreibt Jünger in der „Festschrift zur Einweihung des Regimentsehrenmals des Füsilier-Bundes 73" einen Nachtrag: „Erinnerungen an die ersten Monate des Jahres 1917"[46].

1929 folgen zwei Nachträge in Zeitschriften: „Vor zwölf Jahren“ in: „Der Vormarsch“, 2 (1929) und „Tagebuchblätter“ in: „Widerstand“, 4 (1929)[47].

Von 1932 bis 1933 vollendet Jünger die dritte Bearbeitung der „Stahlgewitter“, die 1934 wieder im Mittler-Verlag erscheint. Jünger sucht sich hier einer lästigen Erbschaft aus den zwanziger Jahren zu entledigen: zahlreiche Betrachtungen und Räsonnements zu militärtechnischen, taktischen, kriegspsychologischen Fragestellungen werden gekürzt oder gestrichen, allzu aggressive chauvinistische Sentenzen werden entschärft (inzwischen genießt Jünger durch eine englische und eine französische Ausgabe der „Stahlgewitter“ einen internationalen Ruf[48]). Einige, allerdings versteckte stilistische Retuschen lassen auch Schlüsse darauf zu, daß Jünger sich nicht mehr wie früher in die NS-Propaganda einspannen lassen möchte.

Diese dritte Bearbeitung, so Böhmes Urteil,

> „ist derart weitgehend, daß kaum ein Satz der Revision entgeht. Jüngers Absicht war es, nun eine ‚endgültige Fassung‘ vorzulegen, und er verwandte darauf ‚die Arbeit eines Jahres‘ (...) Das gesamte stilistische Niveau wird von Satz zu Satz durch viele kleine Korrekturen verbessert (ca. 1100). Die vielen Fremdwörter der ersten Fassungen, die besonders der Kasinojargon mit sich gebracht hatte, werden durch deutsche Wörter ersetzt.“[49]

Unbeschadet seiner Schwierigkeiten mit der NS-Führung steigen die Auflagen seines Buches sprunghaft weiter, jetzt in Auflagenzahlen von je 15 000 (1937 ist mit der 18. Auflage das 150. Tausend erreicht).[50]

Unmittelbar nach Erscheinen der vierten („endgültigen“) Fassung legt Jünger 1935 eine neue vor, die Böhme als die „stille Fassung“ bezeichnet.[51] Die Änderungen sind allerdings minimal. Das ganzseitige Foto mit dem ordensgeschmückten Helden, die Widmung, das Vorwort (bzw. die Vorwörter zu den verschiedenen Auflagen) fallen nun weg. Böhme interpretiert diesen Eingriff so, daß „durch die Entfernung von Bild, Unerschrift, Widmung und Vorwort (...) dem Buche zunächst einmal ein Teil von dessen Affinität zum ‚Weltkriegshelden Jünger‘ “[52] genommen werden sollte. In eigenartigem Gegensatz dazu steht allerdings, wie Jünger weiterhin durch den Mittler-Verlag mit seinem „Standardwerk“[53] präsentiert wird. Böhme zitiert dazu aus einem (auch später noch abgedruckten) Verlagsprospekt vom Okt. 1933:

„Der Kampf um die Wehrkraft des deutschen Volkes wird nicht zuletzt vom deutschen Buchhandel zum Erfolg geführt. Der Sortimenter weiß, daß das Ziel nicht allein in der militärischen Ertüchtigung liegt, sondern vor allem in einer wehrpolitischen Willensbildung, in der Erziehung des ganzen Volkes zu einer wehrhaften Haltung und Gesinnung. Diese Erziehungsaufgabe kann nur von einigen wenigen Büchern erzielt werden, und von diesen wenigen kann kein anderes den ‚Stahlgewittern' die Führung abnehmen."[54]

Bis zum Kriegsende erscheint das Buch weiter in hohen Auflagen; diese erreichen bis 1945 nach offiziellen Angaben die Zahl von 234 000. Auch nach dem Kriege arbeitet Jünger noch einigemale an einer Neufassung der „Stahlgewitter". November 1958 beendet der Autor seine Revision für die französische Neuausgabe. 1930 war das Buch bereits in einer Übersetzung der Ausgabe von 1924 erschienen und hatte eine breite Lesergemeinde gefunden.[55]

Auf der Basis eines „durchschossenen" Exemplars, der Vorlage für die französische Neuausgabe, korrigiert Jünger nun weiter für die Satzvorlage des Drucktextes seiner Werkausgabe. Mit seinen Korrekturen geht Jünger, wie Böhme beobachtet hat, zum Teil wieder hinter die „zahmere" Version der französischen Ausgabe zurück und setzt die brutaleren, wie mir scheint authentischeren Formulierungsvarianten der 4. Fassung von 1934 ein.

Aber selbst bei diesen Textretuschen hat sich der Autor nicht zufrieden geben können; noch in der Fahnenkorrektur („570 kleinere Hinzufügungen, Streichungen und Änderungen"[57]) und sogar in der Umbruchkorrektur führt Jünger Polituren und „Feinschliffe" durch, Eingriffe, die frühere Korrekturen z. T. wieder zurücknehmen.[58]

In der Sekundärliteratur ist viel darüber spekuliert worden, wo die Motive für Jüngers „Manie der Bearbeitungen und Fassungen" zu suchen sind. Böhme, der darüber sowohl in persönlichem Gespräch als auch in brieflicher Korrespondenz diskutiert hat, verteidigt Jünger engagiert gegenüber dem Vorwurf, daß dies, vor allem die Nachkriegskorrekturen, „opportunistische Retouchen" seien.[59] Er sieht sie ausschließlich begründet in einer permanenten stilistischen Verfeinerung und der literarischen Vervollkommnung des Schriftstellers Jünger.[60] L. Arnold plädiert (mit vielen anderen) dafür, daß die Neuauflagen der „Stahlgewitter" nach 1945 nicht als belletristisches Werk, sondern als persönliches und historisches Dokument des I. Weltkrieges gelesen werden müßten.[61]

Gründlicher, d. h. von der Wirkungsgeschichte seiner Schriften und deren Rückkoppelung her, analysiert G. Liebchen die Motivlagen Jüngers bei seinen Überarbeitungen in den zwanziger Jahren.[62] Sie sieht einerseits einen permanenten Anpassungsprozeß des jungen Autors an seine „Lesergemeinde“, andererseits eine lebenslange Stilisierung des Heldenmythos um die eigene Person. Die Ambitionen des Autors, zunächst, als gefeierter Kriegsheld, mit einer militärisch-psychologischen Fachliteratur zu reüssieren, dann als Essayist, Visionär und philosophischer Agitator bei einer großbürgerlichen Kulturelite mit radikaler nationalistischer Orientierung literarischen Ruhm zu suchen, — das scheint ihrem Urteil nach die eigentliche Antriebskraft für die literarische Weiterentwicklung und Ausdifferenzierung des Stoffkomplexes „Kriegserleben“ gewesen zu sein.[63]

3. *Exkurs: Zur Sozialisation und zur psychischen Konstitution des „soldatischen Mannes“*

Unsere kritische Textlektüre macht einige Vorbemerkungen notwendig. Zu erläutern ist vor allem das breit entwickelte Konzept des „soldatischen Mannes“. Der Jünger-Heros — die Ichfigur der „Stahlgewitter“ — repräsentiert in besonders ausgeprägter Form diesen Typus der emotional aufgeladenen, hochaggressiven, gleichzeitig durch Drill und „Willen“ streng kontrollierten Persönlichkeit.

Den Prototyp des „soldatischen Mannes“ findet man in den sogenannten Zweifrontenschichten.[64] Diesem Begriff zufolge befinden sich die bürgerlichen Schichten in einem Zweifrontenkampf um ihr politisches und soziales Überleben. Um die Jahrhundertwende erleben sie diesen Kampf als eine kritisch zugespitzte Situation: einerseits sehen sie sich dem hartnäckigen Widerstand der alten Feudalaristokratie gegenüber, die weiterhin alle Schlüsselfunktionen der Macht besetzt hält; andererseits werden sie in ihrer Identität immer stärker bedroht vom aufsteigenden, um bessere Lebensbedingungen kämpfenden Proletariat.[65] Die Männer dieser (als Mittelstand bezeichneten) Schichten haben den Verzicht auf die politische Herrschaft eingeübt und gelernt, alle ihre Herrschaftsansprüche nach innen und unten zu richten: gegen ihre Kinder, gegen die Vertreter gesellschaftlich schwächerer Schichten, mit denen sie zu tun haben, ihre Hausangestellten und Diener, ihre Knechte, die Arbeiter in ihren Betrieben.[67] Sie bleiben selbst Untertanen, aber sie fügen sich in dem Bewußtsein, an der Macht und Herrlichkeit des Wilhelminischen Staates teilzuhaben und nach innen (Familie) und nach unten (Betrieb) eine fast unumschränkte Tyrannei ausüben zu können.

Mit welchen Instrumenten kämpfen nun die Männer dieser Schichten gegen alles, was sie bedroht? Sie tun es zunächst mit der Waffe der „neuen Sittlichkeit"[68], und sie wenden diese sowohl gegen die herrschende Aristokratie und ihre „korrumpierte", „morbide", „pervertierte" Moral als auch gegen die „Sittenlosigkeit" / „Verkommenheit" / „Niedrigkeit" des Proletariats.[69] Vor allem bei kleinbürgerlichen Schichten ist zu beobachten, daß der Kampf um politische Emanzipation besetzt und ersetzt wird durch „geistig-moralisches" Engagement bzw. religiöses Eiferertum. Gegen die von ihren Vätern ausgeübte doppelte Unterdrückung (die physische und die psychisch-moralische) rebellierten die Söhne der Zweifrontenschichten. Diese Grunddisposition zum ohnmächtigen Protest, zur blinden/blindwütigen Dauerrevolte ist der fruchtbarste Boden für die präfaschistischen und faschistischen Bewegungen; sie verstehen sich als Organ der revoltierenden, im „Aufbruch" befindlichen Jugend.[70]

Durch die Erziehungspraktiken (Familie, Schule, Kaserne) und die gesamte Sozialisation wird den soldatischen Männern eine Art Körperpanzer anerzogen bzw. angeprügelt. Die überwiegend schmerzhaften/unlustbesetzten Kontakte mit der menschlichen Umwelt werden nach und nach positiv besetzt und in andere Empfindungen umgewandelt: Lust bereitet schließlich das, was weh tut („gelobt sei, was hart macht!"). So entsteht ein Ersatz-Ich, das als Schutz- und Abwehrpanzer gegen die „Frau", gegen alles Weibliche, Strömende schlechthin, vor allem auch gegen die ‚weiblichströmenden' Äußerungen der eigenen Libido dient.

Betrachtet man die Funktionen des Ganzheitspanzers der „Stahlgestalt"[71] (als die sich diese Männer phantasieren) und die Funktionen der Ganzheitsgestalt (des „Monuments") Truppe, dann fällt auf: diese „ehernen" Gestalten sind Organe der Realitätskontrolle, der Triebkontrolle und der Triebabwehr. Die Abwehrfunktionen gegen bedrohliche Gefühle (wie auch gegen das „Denken" und die offene, lebendige Erfahrung) scheinen vom Körperpanzer, von der Muskulatur des einzelnen Ganzheitsteilchens auszugehen — bzw. von der Körperform der Ganzheitsmaschine Truppe, in die das „geschliffene" Einzelteilchen sich einfügt.

Da sich ihr Ich nicht (wie Freud das in seiner Theorie entwickelt) durch die libidinöse Besetzung der Körperperipherie von innen heraus und durch Identifikationen gebildet haben kann, wurde ihnen wohl ein „Ich" von außen übergestülpt.[72] Der Körperpanzer dieser Menschen, der ihnen auf so schmerzhafte Weise beigebracht worden ist, wäre demnach ihr Ich: „Ich fühle Schmerz, also bin ich".[73] Dieser Typus ist für den Kampf — und den ewigen oder totalen Krieg — besser prädisponiert als der noch so gut indoktrinierte, ideologisch gerüstete Überzeugungstäter. Seine Persönlichkeitskonstitution ist die Bedingung dafür, daß sich in ihm ein starkes und dauerhaftes Aggressionspotential aufstaut. Die Ganzheitsmaschine der „Truppe", deren integriertes Teilchen er ist, zeigt einen bestimmten „Ausdruck" im Hinblick auf die umgebende Gesellschaft: „den von Geschlossenheit, Stärke, Exaktheit, den einer strengen Ordnung der Geraden und Rechtecke: den Ausdruck von Kampf und den einer bestimmten Männlichkeit"[74]. Diese Maschine „braucht nicht erst ‚die' Front zu erreichen; sie produziert die Front, sie *ist* die Front. Front und Grenze gehören zu ihr auch im Frieden. Ihr Daseinszustand ist Krieg. Sie hat immer eine Grenze zu verteidigen (die eigene), eine Front vorzuschieben. Nur, im erklärten Krieg ist das leichter und befriedigender. Er bietet die Möglichkeit der Entladung, der Entlastung vom inneren Druck"[75].

Die bei einer Berührung/Vermischung mit dem „bedrohlichen" Fremden, Lebendigen zwanghaft vollzogenen Aggressionsakte des soldatischen Mannes sind auf *ein* Ziel gerichtet: die gewaltsame Wiederherstellung der „Zweikörpereinheit", des symbiotischen Stadiums frühkindlichen Erlebens.[76] Dieser Vermischungs-/Vereinigungsakt ist tendenziell immer ein vernichtender (tötender); für ihn ist charakteristisch, daß im Augenblick der Vermischung/Berührung mit dem bedrohlichen Anderen das Bewußtsein aussetzt, daß halluzinatorische Objektvertauschungen auftreten, daß dieser Augenblick gleichzeitig von lustvollen und grauenvollen „Überschwemmungen" des Bewußtseins begleitet ist. In diesem Augenblick strebt der soldatische Mann — je nach der Art und der Gestalt des Lebendigen, das ihm gegenübertritt — zwanghaft danach, eine der drei „Wahrnehmungsidentitäten" herzustellen[77]:

1. Den „blutigen Brei": das bedrohliche Gegenüber wird in eine breiige, leblose Masse verwandelt, aus dem sich das soldatische

Ich als „Überlebender“ herausdifferenziert („nicht ich, die anderen sind der Matsch“)[78];

2. den „leeren Platz“: das Blickfeld, der Horizont des soldatischen Mannes wird leergefegt von dem bösartigen Gewimmel der lebendigen „Feinde“, dem chaotisch-kreativ sich Entfaltenden, dem Üppig-Phantasievollen, das außerhalb des soldatischen Kontrolle und Befehlsgewalt, gegen die starren Ordnungen ein wimmelndes Eigenleben entfaltet;
3. das black-out: die erlösende Ohnmacht, die Schwärze der Bewußtlosigkeit, die den soldatischen Mann von seiner inneren Pein befreit, die ihm einen Augenblick scheinbarer Entspannung, eine Ruhepause in seiner lebenslangen, verbissen betriebenen Eindämmungsarbeit gewährt.

Diese drei Wahrnehmungsidentitäten nehmen in vielfältigen symbolischen und metaphorischen Formen im psychischen Erleben der soldatischen Männer Gestalt an. Vor allem Kriegs- und Bürgerkriegssituationen[79] erleben sie als „ein blutiges Fest“[80]. Folter- und Tötungsakte gegenüber Wehrlosen sind von 1919—1923 in Deutschland unter dem Namen „weißer Terror“ zu einer berüchtigten Erscheinung geworden. Theweleit hat an einem umfangreichen Material zeigen können, daß der Schreibprozeß bei den soldatischen Männern ähnliche Strukturmerkmale aufweist wie der „Kampf“.[81] Beim „Chronisten“, Kriegsberichterstatter und Erzähler ist die Schreibarbeit auf lange Strecken ein „Ringen“, ein Prozeß der inneren Reinigung, des Drills und der Straffung; andererseits ist sie auch ein Prozeß der Entladung und Regeneration, ein Stabilisierungsakt des vom „Zerfall“ bedrohten Ich.[82]

Außerhalb des Kampfes, in weniger heroischen Zeiten, wenn der schützende Panzer-Körper der Truppe aufgelöst oder nicht mehr sichtbar ist, bekommt das Stabilisierungsschreiben für den soldatischen Mann eine lebenserhaltende Bedeutung. Die literarische Produktion gleicht der Sysiphusarbeit des ewigen Kampfes: auch hier ist sie Eindämmung, Kontrolle der tödlichen Flüsse, ist innere Straffung und „Erektion“ unter dem Diktat eines „eisernen Willens“. Daneben bietet sie zugleich die Möglichkeit zur zyklischen Entladung in den „heroischen Augenblicken“, in der männlichen Entscheidungssituation „höchster Bewährung“[83].

Das Berichten/Erzählen dieser Männer kreist im Wechsel um zwei Pole: das „alltägliche Leben“ (die Kaserne, der Grabendienst) und das „intensive Leben“[84]. Im „Alltag“ dominieren die „Pflicht“, der Drill, die „eherne“ Disziplin in streng gegliederten

Zeiten und Ordnungen; am Gegenpol bricht sich das „Leben" Bahn im exzessiven Rausch, in der eruptiven Entladung, in dem vernichtenden Eindringen ins andere, fremde Leben. „Hinein in die Brandung des Fleisches" wollte Jünger sich stürzen, „tausend Gurgeln haben, dem Phallus schimmernde Tempel errichten" (KiE, 36).[85]

Geht es um das „alltägliche Leben", so ist ihre Sprache auf lange Strecken trocken, sparsam, spröde und von einer streng kontrollierten simplen Syntax. Dort jedoch, wo sie intensiv wird, im nacherlebenden Vollzug des „Duells", des „Großangriffs" oder der nächtlichen Jagd des „Stoßtruppunternehmens", da schickt diese Sprache „ins Gefecht", was ihr an Bildmaterial, an Symbolik und Topik, an Rhythmik und Dramatik zur Verfügung steht.[86] Dieser „Chronist" hat keine Zeit zu beschaulicher Betrachtung, zum liebevoll schildernden Umgang mit den einmaligen und besonderen Erscheinungen des Lebens um ihn her. Die Fähigkeit zur gelassenen Wahrnehmung der Vielfalt der Welt geht ihm vollkommen ab. Die Buntheit des menschlichen Zusammenlebens, die Bedürfnisse und Impulse sozialen Miteinanders geraten nicht in sein Blickfeld. Unter seiner anatomisch-sezierenden Optik erstarrt der Körper des Anderen.[87] Dessen Eigenleben erscheint nur als Bedrohung[88]; daraus resultiert der „realitätsvernichtende Charakter" der „soldatischen" Sprache.[89] Sie dringt in ihre Objekte ein, „erobert", „bezwingt" sie, läßt oft nichts von ihnen übrig als „blutigen Brei"[90]. Die krasse Antithetik, der plötzliche Umschlag, die schockierende Paradoxie[91] stehen hier im Dienste einer Überwältigungsstrategie. Der Berichterstatter erteilt dem Leser, wo er zu erzählen vorgibt, Befehle, bedrängt ihn mit Beschwörungen und suggestiven, unentrinnbaren Gesichten des Kampfes und des Grauens. Er sagt selten „ich", noch seltener „wir"[92]; und doch dreht sich alles um die Person des Ich-Heroen. Alle anderen Figuren erscheinen als Statisten oder als (höhere) Instanzen, die kein Eigenleben entfalten. Es ist das eigene Heldenepos, auf das alles zusteuert in den Berichten dieser Männer.

In diesem Punkt, so scheint es, ist sich das „Vexierbild" der Autorgestalt Jünger, das oszillierende Rollenspiel des „Anarchen"[93], bis heute treu geblieben. 1922 sagt der 27jährige in seinem zweiten Kriegsbuch, dem „Kampf als inneres Erlebnis":

> „Und wenn wir in fünfzig Jahren noch leben (...) bei großen Festen mit Ordensbändern am Rock als ehrwürdige Reliquien gezeigt werden (...) dann werden diese in Kampf und Feuer

zertobten Jahre wie eine ferne und stolze Erinnerung zu uns herüberschimmern. Dann werden wir unsere Erinnerungen tragen wie ein Königskleid, und unsere Enkel werden uns darum beneiden.“ (KiE 1922, 106)

Und so formuliert es der 87jährige, in einem Interview des Fernsehens anläßlich der Verleihung des Goethe-Preises der Stadt Frankfurt:

„Was habe ich mit Schiller zu tun? Zumindest das, daß ich ein guter Soldat gewesen bin, eher würde ich sagen, ein guter Krieger bin ich gewesen (. . .).“[94]

III. ZUR ERZÄHLSTRUKTUR DES „KRIEGSTAGEBUCHES“

1. *Stoff und Stoffbewältigung*

> „‚Ran! Kein Pardon. Wut. Aus Stollen Schüsse, Handgranaten rein. Geheul. Über den Damm. Packe einen am Hals. Hände hoch! Sprungweise hinter Feuerwalze vor. Melder Kopfschuß. Sturm auf MG-Nest. Mann hinter mir fällt. Schieße Richtschützen ins Auge. Handgranaten. Drin! Allein, Streifschuß. Wasser, Schokolade. Weiter. Einige fallen. Zwei Mann laufen zurück, Kopfschuß, Bauchschuß. Bin grimmig. Engländer fliehen aus Baracken, einer fällt. Stockung, befehle Sturm gegen Dorfrand Vraucourt. Volltreffer, Verluste, Vor!‘
>
> Das ist tatsächlichster Stil, einfacher Rhythmus, ohne Skrupel und Schnörkel, wie alles, was die Schlacht gebiert. Diese unmittelbare und rohe Kristallisation des Erlebnisses würde schon in kurzer Zeit rätselhaft vor dem Leser stehen wie das Knochengerüst eines ausgestorbenen Tieres. Es war also nötig, sie mit Fleisch zu umkleiden, die Triebe zu entwickeln, die in der Tat ihre Entladung fanden und auch den Rückschlag, den diese Entladung wieder gegen das Innere des Kämpfers warf. Kurz, es galt die Tat des Frontsoldaten darzustellen als einen Brennpunkt, der Kräfte sammelt und Wirkungen von sich stößt. Diese Aufgabe in Form eines persönlichen Berichts noch umfangreicher und tiefer zu lösen, habe ich mich in der vorliegenden Auflage bemüht.“[1]

Die Tagebucheintragung ist dem „Vorwort zur 5. Auflage“ entnommen, und sie entstammt nach Jüngers Darstellung dem „Gekritzel dieser Hefte (...) an deren Deckeln noch der vertrocknete Schlamm der Gräben klebte, und dunkle Flecken, von denen ich nicht mehr wußte, war es Blut oder Wein“[2].

Dieser angeblich aus den Originaltagebüchern zitierten Passage, die im „Vorwort“ neun Zeilen ausmacht, entsprechen in den „Stahlgewittern“ etwa 16—18 Seiten, in „Feuer und Blut“ knapp 40 Seiten — wobei es allerdings relativ schwierig ist, bei der Vagheit der Satzfetzen, Ausrufe, Nominalreihungen eine eindeutige, abgrenzende Zuordnung zu den Inhalten der Buchabschnitte vorzunehmen.

Die zitierten Erinnerungssplitter stehen (sollen stehen) für Ereignis-/Handlungsstücke, die die Angriffsaktionen eines ganzen Tages beschreiben, und es handelt sich hier um den — von der emotionalisierten, rauschhaften Schilderung her — eindeutigen Höhepunkt der „Stahlgewitter" und auch von „Feuer und Blut".

Die nicht publizierten, wohl auch nicht publikationsfähigen Originale dieser Tagebücher hat bisher m. W. nur Ulrich Böhme „einsehen" können[3]; eine ausführliche, quellenkritische Arbeit mit ihnen hat der Autor offensichtlich nicht gestattet. Böhme schreibt:

> „Als der Krieg beendet war, hatte Jünger vierzehn solche Büchlein mit täglichen Notizen vollgeschrieben. Ein wenig verallgemeinernd läßt sich sagen, daß sich diese Notizen (mit Tintenstift, Bleistift oder Tinte, zwischen die gelegentlich strategische Skizzen eingefügt sind) drei unterschiedlichen Kategorien des Tagebuchführens zuordnen:
>
> 1. In Ruhestellungen und Lazaretten geschriebene, zusammenhängende Berichte, die ohne größere inhaltliche Veränderungen in die „Stahlgewitter" eingingen.
> 2. Rein militärische Erwägungen, auch Kritik des jungen Leutnants an der Kriegführung: ‚Eine abfällige Kritik der Befehlserteilung behalte ich mangels Zeit vor — ich sitze hier nämlich im Bunker im Abschnitt F, es ist zwölf Uhr, und um drei werde ich geweckt.'
> 3. Notizen unmittelbar vor, während und nach den Kampfhandlungen in abgehackten Satzbrocken und Stichworten hastig hingeworfen."[4]

In einer Anmerkung zum ersten zitierten Satz sagt Böhme:

> „Der Autor bewahrt sie (diese 14 Hefte, J. V.) sorgfältig unter seinen Manuskripten auf (. . .)"[5]

Nun hat Böhme zufällig eine Passage aus den Originaltagebüchern zitiert („Eintragung während der Kampfhandlungen zum 22. 3. 1918")[6], die mit Teilen der oben zitierten aus dem Vorwort zur 5. Auflage identisch sein muß — oder besser, sein müßte. Zum Vergleich führe ich hier Böhmes Transkript noch einmal auf:

> „Stürmen Höhe im M.G.-Feuer Wedelst. Ordonnanz Kopfschuß. Bubi weint. Sturm auf M.G.-Nest. Mann hinter mir fällt. Schieße Schüzen ins Auge. Drin! Mun.-Zähler läuft fort. Handgranate . . . M.G.-Nest rechts Beinschuß und Kopf. Streifschuß des Jägers. M.G. aufbauen. M.G.-Nest und Hohlweg fällt. Durch Mulde vor. M.G.-Feuer Schokolade vor!"[7]

Die wortwörtliche Gegenüberstellung zeigt, daß Jünger einerseits seit den zwanziger Jahren einen sehr großzügigen, um nicht zu sagen falschmünzerischen Umgang mit den „authentischen" Materialien der Kriegstagebücher betreibt, daß ihm andererseits noch immer an einer Mystifikation dieses „Grundstoffs" seiner literarischen Karriere gelegen ist. Unter diesen Vorzeichen ist zu fragen, ob die Annahme Böhmes realistisch ist, daß das Buch „In Stahlgewittern" „in seinen wesentlichen Teilen nicht durch Auswahl aus einem umfangreichen Tagebuchmaterial, sondern durch Ausarbeitung stichwortartiger Notizen" entstanden ist.[8] Ist es denkbar, daß z. B. diese unzusammenhängenden ‚assoziativ hingestammelten Wort- und Satzfragmente lediglich durch „Ausarbeitung" bis zum Hundertfachen expandiert werden können? Ich glaube kaum.

Man müßte, was Böhme weitgehend versäumt hat, genauer bestimmen, was Jünger eigentlich getan hat, als er daran ging, das „Knochengerüst" „mit Fleisch zu umkleiden[9], um die spärlichen Erinnerungsreste zu einem literarisch anspruchsvollen Schlachtengemälde auszugestalten. Zunächst einmal erscheint offensichtlich, daß Jünger nicht nur die Zutaten und Ausschmückungen, sondern auch wesentliche Grundzüge des Geschehens frei aus der Erinnerung geschöpft hat. Das muß auch Böhme — bei der Diskussion um das literarische Genre der „Stahlgewitter" — zugeben:

> „So sind die STAHLGEWITTER (...) recht vage bestimmt als Kriegs e r i n n e r u n g e n." (Gesperrt im Original)[10]

Ein Vergleich der verschiedenen Bearbeitungsstufen in den zwanziger und dreißiger Jahren zeigt darüberhinaus, daß Jünger offensichtlich auch Materialien aus anderen Quellen benutzt haben muß, Frontberichte, kriegsgeschichtliche Abrisse, schriftliche oder mündliche Berichte von Regimentskameraden usw. (So sind z. B. eine Reihe von Orts- und Zeitangaben, insbesondere aber die Namen von einzelnen Mitstreitern, in den späteren Fassungen ergänzt oder präzisiert.)[11]

Wir werden heute — zumindest als Literaturwissenschaftler — die Frage nach der „Echtheit" des Materials und der „Authentizität" der Beobachtungen nicht mehr überstrapazieren, obwohl sie für den durchschnittlichen Rezipienten der zwanziger und dreißiger Jahre von entscheidender Bedeutung für die Suggestivität/Überzeugungskraft des Werks gewesen sind.[12] Die „Stahlgewitter", „Das Wäldchen 125" und „Feuer und Blut" sind auch in den Gesamtausgaben immer noch als „Tagebücher" literarisch kategorisiert, doch zeigt die Analyse der erzähl- und handlungsstrukturellen Gesamtkonzeption eher eine Nähe zu freien (epischen) Großformen. Die historischen Fakten des Kriegsgeschehens, auf die sich Jünger im Vorwort seines „Berichts" immer wieder beruft:

> „Der Zweck dieses Buches ist, dem Leser sachlich zu schildern, was ein Infanterist als Schütze und Führer während des großen Krieges (...) erlebt, und was er sich dabei gedacht hat"[13] —

diese Fakten reduzieren sich bei genauer Betrachtung auf eine Handvoll Daten, Ortsnamen und militärisches Vokabular, mit denen der heutige Rezipient kaum noch etwas anfangen kann. Auch für den Leser der zwanziger Jahre dürfte es (von militärischen Insidern abgesehen) kaum möglich gewesen sein, aus diesen Daten ein lückenloses kriegsgeschichtliches oder auch nur handlungsmäßiges Nacheinander zu rekonstruieren.

Offensichtlich kommt es dem frühen „Berichterstatter" und auch dem späteren Bearbeiter darauf — trotz gegenteiliger Beteuerungen — überhaupt nicht an. Der sehr freie, fast romanhafte Umgang mit historischen Daten und Erinnerungssplittern steht unter ganz anderen Vorzeichen und dient ganz anderen Intentionen, die bei der Analyse der eigentlichen Botschaft noch genauer zu eruieren sind.

Am glaubwürdigsten erscheint die Charakteristik des Textes als ein „Kriegstagebuch" noch in dem Kapitel „Vom täglichen Stellungskampf" (St, 56—73), ein Kapitel, das im Vergleich eher als ein Materialfüller erscheint und das strukturell stark aus dem Rahmen der übrigen Schilderung herausfällt. Hier werden lange Passagen, die weitgehend den Charakter eines autobiographischen Romanberichts haben, unterbrochen von authentisch erscheinendem Faktenbericht:

> „(...) nahm ich mein Notizbuch aus der Tasche und schrieb in kurzen Worten die Ereignisse des Tages auf.
>
> So entstand mit der Zeit, als ein Teil meines Tagebuches, eine gewissenhafte Chronik des Abschnitts C, dieses kleinen, winkligen Stückes der langen Front, in dem wir zu Hause waren (...)
>
> 7. Oktober 1915. Stand in der Morgendämmerung neben dem Posten meiner Gruppe auf dem Schützenauftritt bei unserm Unterstand, als ein Gewehrschuß dem Mann die Feldmütze von vorn bis hinten aufriß (...)
>
> 19. Oktober. Der Abschnitt des mittleren Zuges wurde mit Fünfzehn-Zentimeter-Granaten beschossen (...)

> 30. Oktober. In der Nacht stürzten nach einem Wolkenbruch sämtliche Schulterwehren ein (...)
> 9. November. Stand neben dem Landsturmmann Wiegmann vor der ‚Feste Altenburg', als ein weitherkommendes Geschoß sein Seitengewehr durchschlug (...) und ihn schwer am Becken verwundete (...) (St, 57—59)

Um dieses weithin sehr magere Faktengerüst des Frontalltags webt Jünger im Erzählton, teils trockend berichtend, teils enthusiastisch schillernd, teils akribisch beschreibend, sehr heterogene Erzählelemente ein; sie werden ergänzt durch politisch-philosophische Reflexionen und militärtechnische Erwägungen[14], gelegentlich auch durch Ideologeme und Versatzstücke einer reißerischen nationalistischen Propaganda[15]. Das gilt insbesondere für Jüngers zweites Kriegsbuch, „Das Wäldchen 125", und sein drittes, „Feuer und Blut".

Böhme sieht diesen verwirrenden Oszillations- und Transformationsprozeß der „Stahlgewitter"-Erzählelemente so:

> „Je größer der zeitliche Abstand zum Krieg wird, um so mehr werden die STAHLGEWITTER zu einem Erinnerungsbuch. Doch die Erinnerungen werden durch den zeitlichen Abstand nicht verschwommen oder gar romantisiert, sondern durch scharfe, meist optische Erinnerung sind die Geschehnisse und Bilder ganz nah herangeholt und können mit allen Einzelheiten wiedergegeben werden."[16]

Nun wird niemand Jünger eine genaue Erinnerung und eine scharfe Beobachtungsgabe bestreiten, aber damit trifft man wohl nur die eine, die oberflächliche Seite dieses stofflichen Oszillationsprozesses. Die andere, das eigentliche „Schlachtfeld" seines literarischen Ruhms, ist die *psychische* Auf- und Weiterverarbeitung dieses Teils seiner Lebensgeschichte — und zwar unter immer neuen und veränderten sozialen Beziehungen. Dieser psychologische Transformationsprozeß liefert meiner Ansicht nach weitergehende Erklärungen für die „Manie" des Autors, dem Stoff in immer neuen Bearbeitungsstufen auch veränderte Bestimmungen zu geben.

Jünger hat sich immer wieder bemüht, „die Triebe zu entwikkeln, die in der Tat ihre Entladung fanden und auch den Rückschlag, den diese Entladung wieder gegen das Innere des Kämpfers warf"[17]. Mit der ihm eigenen Aufrichtigkeit benennt der Autor in diesem Vorwort die Quellen, denen er das eigentliche Geschehen, die Gesichte, die Materialien seiner Kriegsbücher entnimmt: es ist das Innere des soldatischen Mannes, seine Eruptionen und Entladungen, die „Fronten“ des „Zweifrontenschichtmannes“, die sein Bewußtsein aufwühlen und die Erinnerung stets neu modulieren; es sind die flammenden Ränder (seines Unbewußten), die er aufsucht, um sich als soldatische Existenz, als „Krieger“ darin zu bewähren und zu behaupten.[18] In den Worten Theweleits:

> „Das Geschehen des Krieges hat zum Zentrum den Mann, der es beschreibt. Alle Explosionen kommen aus ihm oder beziehen sich auf ihn, der Weltuntergang wird aus ihm/für ihn in Szene gesetzt. Kriegsschauplatz ist zunächst und vor allem sein eigener Leib in der Erwartung, in andere Leiber einzudringen, sie in der Umarmung zu zerfleischen. Der Unwiderstehliche, der Charmeur auf der Jagd nach Sensationen, erscheint als aktiver Mittelpunkt des Krieges.“[19]

In einer Anmerkung fügt Theweleit hinzu:

> „und der Literatur, als deren zeitgenössischer Volltreffer sich Jünger gern verstanden sähe.“[20]

Eine Synopse ausgewählter Stellen in den Fassungen von 1924 (3. Fassung)[21] und den „Sämtlichen Werken“ (6. Fassung)[22] soll zunächst die Diskrepanz deutlich machen, die zwischen den Entwicklungsstufen des „Stahlgewitter“-Stoffes liegt. Eine detaillierte Analyse der Veränderungen (unter Berücksichtigung der „Zwischenstufe“ der 4. Fassung von 1934)[23] soll einige wichtige Prinzipien von Jüngers „Bearbeitungsmanie“ herauspräparieren; aus ihnen lassen sich, so erscheint mir, Rückschlüsse auf die Motivlagen des Autors und die historischen Veränderungen in seinem literarischen Weltbild ziehen.

St 1925, S. 84	St 1978, S. 100
„Besonders das Passieren der Frégicourt-Ferme (...), die unter ständigem Feuer lag, war eine Nervenprobe.“	„Besonders das Durchschreiten von Frégicourt-Ferme (...) stellte eine erste Probe an uns.“

Der Text der „Werke“ entwickelt aus einem Detail der Situationsschilderung („die unter ständigem Feuer lag“) eine ausführliche Betrachtung. Er fährt fort:

> „Dort war der Sack, der um Combles gezogen war, bereits am engsten zugeschnürt. Jeder, der die Stadt betreten oder verlassen wollte, mußte hier hindurch, daher war ein ununterbrochenes schwerstes Feuer gleich den Strahlen eines Brenn-

glases auf diese Lebensader zusammengefaßt. Der Führer hatte uns schon auf diesen berüchtigten Engpaß vorbereitet; wir liefen im Eilschritt hindurch, während die Trümmer prasselten.

Über den Ruinen lag, wie über allen gefährlichen Zonen dieses Gebietes, ein dicker Leichengeruch, denn das Feuer war so stark, daß sich um die Gefallenen niemand kümmerte. Man rannte durchaus auf Leben und Tod, und als ich diesen Dunst im Laufen verspürte, war ich kaum überrascht — er gehörte zum Ort. Übrigens war dieser schwere und süßliche Hauch nicht lediglich widerwärtig; er rief darüberhinaus, eng mit den stechenden Nebeln des Sprengstoffs vermischt, eine fast hellseherische Erregung hervor, wie sie nur die höchste Nähe des Todes zu erzeugen vermag.

Ich machte hier, und während des ganzen Krieges eigentlich nur in dieser Schlacht, die Beobachtung, daß es eine Art des Grauens gibt, die fremdartig ist wie ein unerforschtes Land. So spürte ich in diesen Augenblicken keine Furcht, sondern eine hohe und fast dämonische Leichtigkeit; auch überraschende Anwandlungen eines Gelächters, das nicht zu bezähmen war."

Was zunächst auffällt: Es werden neue Handlungspartikel eingefügt, die die militärische Lage genauer beschreiben und die persönliche Situation des Helden anschaulicher vor Augen führen sollen. Daneben begegnen Motive, die für Jüngers ästhetische „Weltschau" charakteristisch sind: „Die Strahlen eines Brennglases", die auf eine „Lebensader zusammengefaßt" sind, gehören zu den Bildern, die seit 1929 in seinen Erzählungen und Essays immer wiederkehren. Charakteristischer noch für das literarische Empfinden (den „Stil") des Autors ist die synästhetische Schilderung des Situationserlebens: Optisch-akustische Impressionen werden zusammen mit olfaktorischen und sensorisch-taktilen Eindrücken zu einem ästhetischen Gesamtgemälde verschmolzen. Diese Mischung stimuliert beim nacherlebenden Erzähler bestimmte Bewußtseinszustände; hier rufen sie „eine fast hellseherische Erregung" hervor.

Zentral für Jüngers essayistische und impressionistische Arbeiten ist das hier angeschlagene Motiv der Todesvision: Kontakte mit dem Jenseitigen, transitorische Erfahrungen haben seit der 1. Fassung des „Abenteuerlichen Herzens" einen festen Platz in seinem literarischen Schaffen.[24]

Die — hier angedeuteten — Erregungszustände produzieren nicht nur „hellseherische“ Fähigkeiten; der Erzähler registriert an sich (seiner Ichfigur) oftmals Anwandlungen „dämonischer“ Exaltiertheit („hohe und fast dämonische Leichtigkeit“; „Gelächter, das nicht zu bezähmen war“). Diese Erzählelemente, die an realen Erinnerungssplittern anknüpfen, sind ein wichtiger Teil jener Botschaft, die Jünger mit der literarischen Verarbeitung des Kriegserlebens verbindet: Dem „Kämpfer“ sind in solchen Augenbicken Einblicke ins Jenseits gestattet, er lebt auf der Grenze zu anderen, sonst nicht erfahrbaren Existenzweisen und Daseinsformen.

St 1925, S. 103 f.	St 1978, S. 121 f.
„(. . .) mit der Stellung der Division vertraut. Wir mußten uns jede zweite Nacht nach vorn begeben. (. . .)“	„(. . .) mit der Stellung der Division vertraut. Wir mußten uns jede Nacht nach vorn begeben. (. . .) Die nächtliche Landschaft war schlammig und wüst, oft von schweren Feuerstößen durchdröhnt. Häufig stiegen gelbe Raketen auf, die in der Luft zersprangen und einen Feuerregen niederrieseln ließen, desen Farbe mich an den Ton einer Bratsche erinnerte. (. . .) Diese Nacht war, mit der Weite und Unwirtlichkeit ihrer Räume, von gespenstischer Einsamkeit. Wenn ich in dieser Finsternis auf Posten oder umherirrende Versprengte stieß, hatte ich das eisige Gefühl, daß ich mich nicht mehr mit Menschen, sondern mit Dämonen unterhielt. Man schweifte wie auf einem riesigen Schuttplatz jenseits der Ränder der bekannten Welt.“

Auch hier begegnen synästhetische Phantasiespiele, und zwar beim Anblick niedergehender Brandgranaten. Der letzte Abschnitt enthält Bilder, die zum topologischen Inventar des Jüngerschen Werkes gehören: Dämonen, die plötzlich aus der Finsternis hervortreten; der „riesige Schuttplatz“, die „gespenstische Einsamkeit“, die Suche nach exotischen Landschaften „jenseits der Ränder der bekannten Welt“. Es sind Gesichte einer nach- oder neuerlebenden literarischen Phantasie, die noch keinen Ort im Heldenepos der frühen zwanziger Jahre haben; sie bekommen erst ihre Funktion bei der allmählichen Herausbildung der literarischen Identität Jüngers.

St 1925, S. 208 f.	St 1978, S. 224 f.
„(...) zerschellten mit hartem Knall am Grabenrand. Mut mußte man hier schon haben, und es hatte ihn ja auch ein jeder, sonst hätte er sich gar nicht hierher gewagt. Jedesmal, wenn einer der eiförmigen Eisenklumpen auftauchte, wurde er vom Auge mit jener letzten Schärfe erfaßt, deren der Mensch nur der Entscheidung auf Leben und Tod gegenüber fähig ist.	„(...) zerschellten am Grabenrand. Jedesmal, wenn einer der eiförmigen Eisenklumpen über der Horizontlinie auftauchte, wurde er vom Auge mit jener Hellsichtigkeit erfaßt, deren der Mensch nur der Entscheidung auf Leben und Tod gegenüber fähig ist. Während dieser Augenblicke der Erwartung mußte man einen Standort zu gewinnen suchen, von dem aus möglichst viel vom Himmel zu sehen war, denn nur gegen seinen blassen Hintergrund zeichnete sich das schwarze Riffeleisen der tödlichen Bälle mit genügender Schärfe ab.
Dann warf man selbst und sprang vor. Den zusammengesackten Körper des Gegners streifte kaum ein Blick, der hatte ausgespielt, ein neues Duell begann.“	Dann warf man selbst und sprang vor. Den zusammengesackten Körper des Gegners streifte kaum ein Blick; der hatte ausgespielt, ein neues Duell begann. Der Handgranatenwechsel erinnert an das Florettfechten, man muß dabei Sprünge machen wie beim Ballett. Er ist der tödlichste der Zweikämpfe, der nur dadurch, daß einer der beiden Gegner in die Luft fliegt, beendet wird. Auch daß beide fallen, kann vorkommen. Ich konnte während dieser Minuten die Toten, über die ich bei jedem Sprung hinwegsetzte,

ohne Schauder sehen. Sie lagen alle in der entspannten und weich hingegossenen Haltung da, die den Augenblicken eigentümlich ist, in denen das Leben sich verabschiedet."

Die Schilderung des Grabenkampfes wird ausgeschmückt durch Beobachtungen, die das mörderische Tun zu einem artistischen Duell stilisieren: Im „Kämpfer" erkennt man hier den Vertreter der „neuen Rasse", das geschmeidige „Raubtier", dessen übersinnliche Fähigkeiten der Erzähler beschwört („Hellsichtigkeit" „gegenüber der Entscheidung auf Leben und Tod").

Mit der Darstellung der Opfer hat der spätere Bearbeiter allerdings Schwierigkeiten. Der frühe Erzähler hat entweder „kaum einen Blick" für den von Handgranaten getöteten (oft: „zerrissenen") Gegner oder er delektiert sich an den mit Gefallenen bedeckten Trichterfeldern (die ‚Strecke' des Jägers). Beim späteren Bearbeiter läßt sich ein Exkulpierungsmechanismus beobachten, der auch offene Widersprüche in der Beschreibung übersieht bzw. in Kauf nimmt („streifte kaum ein Blick" — „konnte während dieser Minuten die Toten ohne Schauder sehen"). Das Angriffsrasen, bei dem dem „Kämpfer" „ein blutiger Schleier vor den Augen wallt", und die faszinierte, aber passive, gelähmte Betrachtung der Körper Sterbender und Toter sind zwei Zustände des soldatischen Mannes, die im Frühwerk Jüngers als absolut unvereinbar erscheinen. Hier fügt der Bearbeiter visuelle Wahrnehmungen in die Schilderung ein, die das Barbarische, das Scheußliche, das Unmenschliche des „Gemetzels" (St 1937, 239) vergessen lassen. Dieses Bild: „in der entspannten und weich hingegossenen Haltung" arbeitet mit der Suggestion eines erlösenden, schönen Sterbens, und es steht in auffälligem Widerspruch zu den Wahrnehmungen des Grauens, auf denen der Blick des Erzählers sonst wie gebannt ruht.

St 1925, S. 209

„(. . .) Engländer versuchten, über freies Feld zu entkommen und wurden niedergeschossen wie bei einer Treibjagd.
Dann kam der Höhepunkt; der atemlose Gegner, dem wir hart auf den Fersen geblieben waren,

St 1978, S. 225

„(. . .) Engländer versuchten, über freies Feld zu fliehen, und fielen im Feuer, das sich sogleich von allen Seiten auf sie richtete.
Auch den anderen, denen wir dicht auf den Fersen geblieben waren, wurde es in der Sieg-

machte Anstalten, durch einen rechts abbiegenden Verbindungsgraben zu entweichen. Ich sprang auf einen Postenauftritt und sah, daß dieser Graben eine ganze Strecke lang dem unsrigen in einer Entfernung von 20 m parallel lief. Der Feind mußte also noch einmal an uns vorbei. (...)	friedstellung unheimlich. Sie suchten durch einen Verbindungsgraben zu entweichen, der rechts abbog. Wir sprangen auf die Postenstände und hatten dort einen Anblick, der uns ein wildes Jubelgeschrei entriß: Der Graben, durch den sie entkommen wollten, kehrte wie der geschwungene Flügel einer Leier gegen den unseren zurück und war an der engsten Stelle kaum zehn Schritt von uns entfernt. Sie mußten also noch einmal an uns vorbei. (...)
Nun entstand eine unbeschreibliche Vernichtung; Handgranaten flogen wie Schneebälle durch die Luft, alles in weißlichen Qualm hüllend. Zwei Leute reichten mir ununterbrochen fertige Wurfgeschosse zu. Zwischen den zusammengeballten Engländern zuckten Blitze auf (...)“	Nun gerieten sie in einen furchtbaren Engpaß: Handgranaten flogen wie Schneebälle durch die Luft, alles in milchweißen Qualm hüllend. Von unten reichte man uns immer neue Wurfgeschosse zu. Zwischen den zusammengeballten Engländern zuckten Blitze auf (...)“

Die späte Fassung mildert das Blutrünstige des frühen „Kriegstagebuchs“, die sadistische Lust am „Höhepunkt“ der „Vernichtung“, durch kleine, z. T. unauffällige Korrekturen. Das „ich“ der frühen Fassung, das für den heroischen Einzelnen steht, wird hier durchgehend ersetzt durch ein unbestimmtes „wir“ oder durch subjektlose (meist passivische) Konstruktionen. Das Agieren im undifferenzierten Kollektiv entbindet den Berichterstatter von individueller Verantwortlichkeit, verwischt seine Täterschaft.

Für die jüngeren Fassungen gilt allgemein, daß die teils pathetische, teils dem Offiziersjargon sich nähernde Schilderung, mit der noch in der 3. Bearbeitung Heldenmut und Führungsqualitäten der Ichfigur gefeiert werden, abgelöst wird durch Ästhetisierung des Kriegserlebens und symbolische Ausgestaltung der Situationsbilder; aus dem rauschhaften Nacherleben kriegerischer „Großtaten“ werden Visionen von psychischen Grenzzuständen, werden Gemälde, die zu symbolistischen Tabelaux[25] weiterentwickelt werden können.

St 1925, S. 226 f.

„Der Endkampf, der letzte Anlauf schien gekommen. Hier wurde das Schicksal von Völkern zum eisernen Austrag gebracht, es ging um den Besitz der Welt. Ich war mir, wenn auch nur mit dem Gefühl, der Bedeutung der Stunde bewußt, und ich glaube, daß jeder damals das Persönliche sich auflösen fühlte vor der Wucht der historischen Verantwortung, die sich auf uns heruntersenkte. Wer solche Augenblicke erlebte, ist sich darüber klar, daß die Geschichte der Völker letzten Endes doch mit dem Geschick der Schlachten steigt und fällt. (...) Der Schlachtendonner war so fürchterlich geworden, daß keiner mehr bei klarem Verstande war. Die Nerven konnten keine Angst mehr empfinden. Jeder war rasend und unberechenbar, in unmenschliche Landschaften verschlagen, der Tod hatte seine Bedeutung verloren, der Wille zum Leben war auf die Nation übergesprungen, das machte alle blind und achtlos gegen das persönliche Geschick."

St 1978, S. 241

„Der Endkampf, der letzte Anlauf schien gekommen. Hier wurde das Schicksal von Völkern zum Austrag gebracht, es ging um die Zukunft der Welt. Ich empfand die Bedeutung der Stunde, und ich glaube, daß jeder damals das Persönliche sich auflösen fühlte und daß die Furcht ihn verließ. (...)

Der Schlachtendonner war so fürchterlich geworden, daß keiner mehr bei klarem Verstande war."

Von den nationalistischen, proklamatorischen Sentenzen der zwanziger Jahre bleiben in den „Werken" nur Spuren zurück, Rudimente, die z. T. unverständlich wirken, z. T. banal und deplaziert („daß jeder damals das Persönliche sich auflösen fühlte und daß die Furcht ihn verließ"). Die Versatzstücke wilhelminischer Kriegspropaganda („ging um den Besitz der Welt"; „Wucht der historischen Verantwortung"; „Geschick der Schlachten") mögen dem Ästheten und „Waldgänger" seit Ende der vierziger Jahre peinlich gewesen sein; dennoch halten auch die späten Fassungen in der Gesamttendenz an dem heroischen Anspruch des „Kriegstagebuches“ fest. Jünger hat an dieser Stelle darauf verzichtet, Sensationen, die sonst auf seine literarische Einbildungskraft eine unwiderstehliche Anziehungskraft ausüben („war rasend und unberechenbar, in unmenschliche Landschaften verschlagen, der Tod hatte seine Bedeutung verloren“), zu mythologischen Betrachtungen auszugestalten.

St 1925, S. 227

„Der große Augenblick war gekommen. Die Feuerwalze rollte über die ersten Gräben hinweg. Wir traten an.“

St 1978, S. 241

„Der große Augenblick war gekommen. Die Feuerwalze rollte auf die ersten Gräben zu. Wir traten an.“

Die kaum wahrnehmbare Retusche ersetzt an dieser Stelle ein bekanntes militärtechnisches Phänomen („Die Feuerwalze“: die auf die feindlichen Stellungen zusammengefaßte Einschläge des Artilleriefeuers werden vorverlegt, um den eigenen Sturmtruppen den Weg freizugeben) durch ein ganz neues Handlungssubjekt. Unter einer „Feuerwalze“, die „auf die ersten Gräben zurollt“, kann man sich nur die „erste Sturmwelle“ der Infanterie vorstellen, in der sich der Held befindet und mit der er sich („feuerspeiend“) vorwärtswälzt.

Der Text der folgenden Absätze zeigt starke Eingriffe des Überarbeiters:

St 1925, S. 227.

„In einer Mischung von Gefühlen, hervorgerufen durch Blutdurst, Wut und Alkoholgenuß, gingen wir im Schritt schwerfällig, doch unaufhaltsam auf die feindlichen Linien los. Daneben schlug das Heroische — Göttliches und Tierisches unentwirrbar miteinander vermischt.

St 1978, S. 241 f.

„Der Zorn zog nun wie ein Gewitter auf. Tausende mußten schon gefallen sein. Das war zu spüren; obwohl das Feuer fortfuhr, schien es still zu werden, als verlöre es seine gebietende Kraft.

Das Niemandsland war dicht mit Angreifern erfüllt, die einzeln, in Trüppchen oder in hellen Haufen auf den feurigen Vorhang zuschritten. Sie liefen nicht, sie nahmen auch nicht Deckung, wenn zwischen ihnen die turmhohen Fahnen aufstiegen. Schwerfällig, doch unauf-

Ich war weit vor der Kompanie (. . .)“	haltsam gingen sie auf die feindliche Linie zu. Es schien, daß die Verwundbarkeit nun aufgehoben war. Inmitten der Massen, die sich erhoben hatten, war es zugleich einsam; die Verbände waren nun vermischt. Ich hatte die Meinen aus dem Blick verloren; sie hatten sich wie eine Welle in der Brandung aufgelöst.“ (. . .)
„Ich kochte vor einem mir jetzt unbegreiflichen Grimm. Der übermächtige Wunsch zu töten, beflügelte meine Schritte. Die Wut entpreßte mir bittere Tränen. Der ungeheure Vernichtungswille, der über der Walstatt lastete, konzentrierte sich in den Gehirnen. So mögen Männer der Renaissance von ihren Leidenschaften gepackt sein, so mag ein Cellini gerast haben, Werwölfe, die heulend durch die Nacht hetzten, um Blut zu trinken.	„Noch trug ich, obwohl mir sehr heiß war, den langen Mantel und, der Vorschrift entsprechend, Handschuhe. Im Vorgehen erfaßte uns ein berserkerhafter Grimm. Der übermächtige Wunsch zu töten beflügelte meine Schritte. Die Wut entpreßte mir bittere Tränen. Der ungeheure Vernichtungswille, der über der Walstatt lag, verdichtete sich in den Gehirnen und tauchte sie in rote Nebel ein. Wir riefen uns schluchzend und stammelnd abgerissene Sätze zu, und ein unbeteiligter Zuschauer hätte vielleicht glauben können, daß wir von einem Übermaß an Glück ergriffen seien.
Ohne Schwierigkeiten (. . .)“	Ohne Schwierigkeiten (. . .)“

Die wichtigsten Beweggründe für die Streichungen, Änderungen und Ergänzungen zeigen sich im Detail: Das „wir“ der frühen Fassung wird im ersten Teil durch „sie“ ersetzt; die persönliche Beteiligung am Handlungsgeschehen wird überall dort getilgt, wo Blutdurst und Angriffsrausch das Verhalten der Akteure bestimmen. An einzelnen Stellen gehen die Änderungen noch weiter und ersetzen die ‚göttlich-tierische‘ Mordlust durch atmosphärische Entladungen: „der Zorn zog nun wie ein Gewitter auf“. Eine willkürlich eingefügte reflektierende Bemerkung („Tausende mußten schon gefallen sein") liefert nun die Rechtfertigung bzw. Erklärung für den „berserkerhaften Grimm", von dem der Held in der frühen Fassung „kocht", von der die späte Fassung sagt, daß er „uns im Vorgehen erfaßte". Im Text der „Werke" wird die Schilderung einer abartigen Verhaltensdisposition („der übermächtige Wunsch zu töten") vorbereitet durch Wahrnehmungen einer entrückenden, lähmenden Stille; der Motivationszusammenhang mit den von „Blutdurst, Wut und Alkoholgenuß" getriebenen Akteuren ist in den „Werken" vollkommen getilgt. Ein sphärisch empfundenes Bild: „(die Meinen) hatten sich wie eine Welle in der Brandung aufgelöst" zeugt nun von den höheren literarischen Ansprüchen des Bearbeiters.

Dort, in der 3. Fassung, ist es der seiner Kompanie vorauseilende Kriegsheld, der das Geschehen bestimmt; hier (seit 1934) beobachtet ein fast passiver Betrachter aus psychologischer Distanz das „Gewitter des Zorns" und den „ungeheuren Vernichtungswillen". Neue Elemente in der Situationsbeschreibung (der lange Mantel; die Handschuhe des Helden) erscheinen nur auf den ersten Blick als störende Details; das Bild des Jägers im langen Mantel hat auf Jünger in den späten 20er und den 30er Jahren eine eigenartige Faszination ausgeübt[26]; immer wieder erscheint es als eines jener symbolistischen Tableaux, die für seine „Figuren und Capriccios" charakteristisch sind.

Die gravierendsten Änderungen im „Weltbild" des „Stahlgewitter"-Autors zeigt die Bearbeitung des letzten zitierten Absatzes. Der junge Erzähler vergleicht sein kriegerisches Rasen mit den blutrünstigen Exzessen von Renaissance-Fürsten[27]; die Neufassung von 1934 (wörtlich in den Text der „Werke" übernommen) kultiviert statt dessen exaltierte psychische Zustände („riefen uns schluchzend und stammelnd abgerissene Sätze zu"; „von einem Übermaß an Glück ergriffen") — als exotisches, einmaliges Erleben.

Als wichtigste Tendenzen in den Neufassungen seit 1934 lassen sich vorläufig folgende Beobachtungen festhalten:
Die Bearbeitungen nehmen vor allem Eingriffe in die Handlungsstruktur und die Erzählweise der „Schlachtenkapitel" vor (Guillemont; Langemarck; Die Cambraischlacht; Die Große Schlacht). Die Ichfigur, zunächst nur charakterisiert als perfekte Kampfmaschine, als angriffslustiges Raubtier und als vorbildlicher Führer, bekommt eine Reihe neuer Züge: als genießender Beobachter, als „Grenzgänger" psychischer Regionen, die durch hysterische, psychotische oder schizophrene Symptome gekennzeichnet sind; als gebannter Betrachter bizarrer Bilder und exotischer Sen-

sationen („Ich wohnte diesem Gemetzel, das sich hart am Rande unseres kleinen Erdwerkes abspielte, mit erstarrter Aufmerksamkeit, wie aus der Loge eines Theaters, bei." St 1937, 249). Die neuen stilistischen Mittel sind vor allem suggestive sprachliche Metaphern und Vergleiche, oft intensiviert durch transparent erscheinende Bildsymbole (aus einem festen Inventar). Neben umfangreichen mythologischen Deutungen und Reflexionen, deren Grundzüge Jünger allerdings schon 1922 mit dem Essay „Der Kampf als inneres Erlebnis" entwickelt hat, zeigen die späten Fassungen immer wieder den Versuch, die oft unzusammenhängend berichtete, chaotisch wirkende Ereignisflut des frühen „Kriegstagebuches" zu einer konsistenten Erzählung auszugestalten.

2. *Die interne Struktur der Handlungsstränge*

Von einem als „Tagebuch" bzw. „Kriegstagebuch" betitelten Werk erwartet man normalerweise eine relativ übersichtliche Anordnung der Ereignissequenzen oder Ereignisschauplätze. Bei Jünger verhält es sich anders:

> „IN STAHLGEWITTERN" hat (...) einige äußere und innere Eigenschaften des Tagebuches nicht. Die Gliederung des Textes geschieht nicht in datierten und lokalisierten Einzelabschnitten täglicher Aufzeichnungen, sondern in neunzehn größeren Kapiteln, die jeweils einen in sich abgeschlossenen Kriegsabschnitt umfassen."[28]

Die Einstufung der Ereignissequenzen als „in sich abgeschlossene Kriegsabschnitte" kann man jedoch nur für einzelne Abschnitte gelten lassen. Von seinem äußeren Aufbau her gliedert sich das Buch zwar in 20 größere Kapitel[29], aber sie sind von *Inhalt* und *Ereignisablauf* her sehr unterschiedlich strukturiert. Bei den Kapitelüberschriften handelt es sich z. T. um die Namen großer Operationsgebiete (Champagne; Somme, Flandern), z. T. um Orte als Brennpunkte größerer „Schlachten" (Guillemont, Langemarck; Cambrai), z. T. um nur dem Insider bekannte Dorf- und Geländenamen (Hattonchâtel, St. Pierre-Vaast; Fresnoy; Regniéville; Cojeul-Bach). Sechs Titel könnten ebensogut Kapitel eines Kriegsromans sein (Vom täglichen Stellungskampf; Gegen Inder; Die Große Schlacht; Englische Vorstöße; Mein letzter Sturm; Wir schlagen uns durch). Der Ereignisablauf wirkt auf den unbefangenen Leser eher zufällig; Zeitangaben sind so spärlich, daß die Abfolge der größeren Sequenzen ohne erkennbare Gliederung zu sein scheint. Im immerwährenden Kriegsszenario verschwimmt dem Erzähler der Rhythmus der Tage, Wochen und Monate.

Der Aufbau des Werkes gibt andererseits auch wenig Anlaß, von einem ‚modernen Bildungsroman'[30] oder einem Kriegsroman[31] zu sprechen. Abgesehen davon, daß die Ichfigur selten Überlegungen über Sinn und Ziel ihres vielfältigen Einsatzes im Kriegsgeschehen anstellt, werden auch die taktischen und strategischen Entscheidungen „oberhalb" ihres Befehlsbereiches sowie Reflexionen über Entwicklungen und Ausgang des Kriegsgeschehens (fast)[32] vollständig ausgeblendet. Es gehört zur Erlebens- und Daseinsweise des soldatischen Mannes, daß die „höheren" Zwecke seines „Einsatzes", die politische und gesellschaftliche Dimension seines mörderischen „Handwerks", aus den Erinnerungen an den Kriegsalltag verdrängt werden[33]. So entsteht beim ersten Lesen oft der Eindruck eines ziellosen Getriebenwerdens, einer undurchschaubaren Folge von Ereignissen, denen die Ichfigur wie dunklen Schicksalsmächten ausgesetzt ist.

Die Vielzahl der Episoden und Erinnerungssplitter erscheint denn auch dem späteren Jünger selbst wie ein Mosaik, das sich immer neu zusammenfügen läßt[34]. Dieses Erzählen steht in Analogie zu den wechselnden, bruchstückhaften Eindrücken „an der Front" und der Kreisbewegung des Kriegserlebens: Einsatz in der „Vorderen Linie", in der sich das meiste Geschehen bei Nacht abspielt; nach 6 bis 9 Tagen Zurückverlegung in die „Reserve" zum Erholen; erneute Vorverlegung, z. B. in Bereitschaftsräume vor einer größeren Operation; Einsatz im „Gefecht" oder wieder in der Vorderen Linie. Höhepunkte innerhalb dieses endlosen monotonen Rhythmus' sind dann z. B.: Stoßtruppunternehmen — Verluste/Verwundung; Absetzen — Rückmarsch und Ehrung — Leben in der „Etappe"; Erholung, „Auffüllung" der Verbände; „Siegesfeiern" und Saufgelage — Einsatz an einem anderen Frontabschnitt.

An einigen Kapiteln sollen exemplarisch die Strukturmerkmale der Jüngerschen Darstellungs- und Erzählweise erläutert werden. Wir werden sehen, daß dabei stilistische Elemente verschiedener literarischer Genres und Gebrauchsformen Verwendung finden, von denen man gleichwohl sagen kann, daß sie bis zu einem gewissen Grade in eine erzähltechnische Gesamtkonzeption integriert werden.

Zu Kapitel 1: „In den Kreidegräben der Champagne“ (St, 11—21)

Ohne Datum, ohne Vorgeschichte wird man unvermittelt auf einen Schauplatz „hinter der Front“ versetzt. Der größte Teil dieses ersten Kapitels lehnt sich stark an den Typus des autobiographischen Romans an; andererseits erhält sich, selbst durch die verschiedenen Bearbeitungsstufen hindurch, der Eindruck, daß Jünger in den ersten Kapiteln — teils tastend, teils selbstbewußt erzählend — die ihm gemäße literarische Form sucht, ohne unter den gängigen Mustern das geeignete zu finden. Hier werden, wie in breitangelegten epischen Kunstformen, Erwartungen geweckt, Vorausdeutungen gemacht, Erinnerungen (aus der Vorgeschichte) wachgerufen. Kurze Rückblicke schildern — aus der Perspektive der Ichfigur — den Begeisterungstaumel der Freiwilligen bei Kriegsbeginn.

Die meisten Abschnitte des Kapitels stellen zusammenfassende Situationsschilderungen dar; Erzählhaltung und Erzählton simulieren die entsprechenden Stimmungslagen. Dazwischen sind einige kurze Szenen bzw. Aktionen aus dem Frontgeschehen eingeblendet, die, zunächst im Stile eines Abenteuerromans, schildern, wie das Regiment 73 (der militärische Verband der Ichfigur) zum ersten Male in die Vordere Linie einrückt.

Schon hier macht sich ein erzählerisches Prinzip Jüngers deutlich bemerkbar: ein konkreter „Fall“, eine Beobachtung, ein Ereignis, eine Aktion, die in einer knappen und oft unvermittelten Schilderung angerissen werden, bilden den Anlaß für allgemeine Erwägungen, psychologische Motivbeschreibungen, abstrakte Sinngebungen und Deutungen. Im ersten Teil des Buches sind diese Deutungen überwiegend taktischer und kriegstechnischer Natur, später überwiegen „allgemein-menschliche“, symbolisch-ästhetische und philosophisch-visionäre Betrachtungen.

Im ersten Kapitel sind diese Passagen *auch* eine Demonstration der schnellen Auffassungsgabe, der Fähigkeiten und Begabungen für das Kriegshandwerk, welche der Erzähler hier dem 19jährigen Kriegsfreiwilligen (der Ichfigur) bescheinigt:

> „Die dauernde Überanstrengung der Mannschaft beruhte auch darauf, daß der Führung der Stellungskrieg (...) noch eine neuartige und unerwartete Erscheinung war. Die ungeheure Postenzahl und die ununterbrochene Schanzarbeit waren zum größten Teil unnötig und sogar schädlich. Nicht auf gewaltige Verschanzungen kommt es an, sondern auf den Mut und die Frische der Männer, die dahinterstehen (...)“ (St, 20)

Zum Kapitel 7: „Guillemont" (St, 98—119)

Das Kapitel „Guillemont" enthält einen der Höhepunkte des Kriegsgeschehens. In ihm geht es um den mörderischen Einsatz von Jüngers Einheit an einem schon weitgehend eingeschlossenen Frontabschnitt, in den die Führung laufend neue Truppen „hineinwirft", welche im Trommelfeuer immer wieder dezimiert werden. Die Darstellung läßt jedoch von der Sinnlosigkeit dieses langen Massensterbens nur wenig ins Bewußtsein dringen. Das unvorstellbare Leiden wird nur insofern mit kalter Präzision berichtet bzw. protokolliert, als es einen Bedingungsrahmen abgibt für die Bewährung unter extremsten Belastungen; es entsteht ein Schauplatz von „Stahlgewittern", der den übermenschlichen „Widerstandswillen" der Ichfigur und ihrer Untergebenen dokumentieren soll.

Im ersten Drittel, beim Vormarsch auf die unter starkem Trommelfeuer liegenden Stellungen („das Reich der Flammen", „Ort des Teufels"), wird eine Reihe von Beobachtungen angeführt, die den Charakter von mythischen Signalen haben:

> „Obwohl wir bereits erfahren hatten, daß wir im sagenhaften Brennpunkt der Somme-Schlacht, dem Dorfe Guillemont, eingesetzt werden sollten, war die Stimmung vorzüglich." (St, 98)
>
> „Ein Gefechtsläufer (...) Er war der erste deutsche Soldat, den ich im Stahlhelm sah, und er erschien mir sogleich als der Bewohner einer fremden und härteren Welt." (St, 99)
>
> „Endlich fand der Führer durch den Merkpunkt einer auffälligen Leichengruppe wieder den Weg. Einer von diesen Gefallenen lag wie gekreuzigt auf dem Kreidehange — welche Phantasie hätte einen Wegweiser erfinden können, der dieser Landschaft angemessener war." (St, 104)

Den Hauptteil dieses Kapitels machen zahlreiche, immer wieder variierte Schilderungen des Trommelfeuers aus, dem der Held und die ihm unterstellten Soldaten ausgesetzt sind. Jünger beschreibt es als Weltenbrand, als Aufruhr der Elemente und anonymer Mächte, während des Artilleriefeuer der eigenen Seite als Demonstration von Stärke und Allmacht genossen wird (s. St, 107).

Die Ereignisflut dieses Kapitels, vor allem die verheerenden Wirkungen des Trommelfeuers, liefern ausgiebig Material für Jüngers Ideologie vom Erlebnis des Weltkrieges: als einer titanischen Konfrontation des Menschen mit den „gewaltigsten Äußerungen der Materie", dem „umbrausenden Orkan" der Materialschlacht.

Daneben beschreiben zahlreiche Abschnitte — meist in einer unterkühlten, merkwürdig unbeteiligten Erzählhaltung — die Veränderung aller Empfindungen und Wahrnehmungen unter der Wirkung des Trommelfeuers. Diese präzise berichtenden Protokolle der eigenen psychischen Konstitution dienen der Präsentation eines Heroen-Vorbildes: daß der „Kämpfer" nach und nach zum emotionslosen „Panzerkörper" wird (während andere Tobsuchtsanfälle bekommen; s. St, 103).

Zum Kapitel 13: „Regniéville" (St, 189—201)

Als eine Episode mit ganz anderer Geschehens- bzw. Ereignisstruktur stellt sich das Kapitel „Regniéville" dar. Den Höhepunkt bildet eines jener Stoßtruppunternehmen, auf die sich Jüngers Ruhm als gefeierter Kriegsheld vor allem gründet. Der Handlungsverlauf ist hier wesentlich deutlicher strukturiert; auch für den militärisch unbedarften Leser läßt sich die zeitliche Abfolge leicht nachvollziehen. Es handelt sich hier überwiegend um *Aktionen*, und zwar solche, die der Leutnant Jünger in eigener Regie plant, vorbereitet und durchführt.

Auf den ersten Seiten dieses Kapitels erlebt man eine sehr ruhige Phase (Ruhe vor dem Sturm), es geht hier streckenweise sogar ganz beschaulich zu. Der inzwischen zum Kompanieführer avancierte Held soll eine neue Stellung in Lothringen beziehen; er berichtet über die umständliche Abfahrt; der Divisionskommandeur besichtigt seine Kompanie und lobt sie „für gutes Verhalten im Gefecht"; Jünger bezieht in der vorderen Stellung einen Stollen, in dem „sich ein Geologe wohlgefühlt" hätte (St, 191); er sammelt Taschen voll „Muscheln, Seeigel und Ammonshörner" (St, 191); kämpft mit „sprunggewandten Schmarotzern" (Läusen) und ärgert sich über die dürftige Verpflegung. Ansonsten verbringt er in seiner Reservestellung wie ein „Einsiedler beschauliche Stunden" (St, 192), bei „Rotwein und Eierkognak zur Hälfte in einem bauchigen Glase" (St, 192).

Aber dieser Frontabschnitt bietet dem ehrgeizigen Offizier zu wenig Möglichkeiten für Hasardeurstückchen, zumal er, wie in einem Nebensatz erwähnt wird, die Führung der Kompanie wieder abgeben muß (St, 192). Er sucht und findet einen ebenbürtigen Haudegen, „einen schon älteren und verheirateten Mann, der sich durch große Kampfeslust auszeichnete" (St, 192). Mit diesem unternimmt er — Generalprobe vor der Uraufführung des Dramas — einige waghalsige Annäherungen an die feindlichen Gräben.

Das große Ereignis wird eingeleitet durch den Auftrag des Regimentskommandeurs, „eine gewaltsame Aufklärung" durch einen Stoßtrupp zu unternehmen. Der Zusatzauftrag, auf jeden Fall Gefangene mitzubringen, macht das ganze von vornherein zu einem Himmelfahrtsunternehmen. Eine — wie mir scheint — symptomatische Äußerung über das Selbstbewußtsein des Helden (und Erzählers) als charismatischer Führer findet sich an der Stelle, wo er die Aufstellung des Stoßtrupps schildert:

> „Ich traf die Auswahl der Teilnehmer nach meiner Gewohnheit, indem ich an der Front entlangging und mir die ‚guten Gesichter' aussuchte. Einige Überzählige weinten fast, als sie zurückgewiesen wurden (. . .)
> Die tollsten Draufgänger des zweiten Bataillons hatten sich zusammengefunden." (St, 194)

Das Unternehmen selbst, durch viel Artilleriefeuer aufwendig vorbereitet und unterstützt, wird am Ende zu einem militärischen Fehlschlag; es entwickelt sich zu einer ziel- und orientierungslosen Jagd durch die feindlichen Gräben, und es gelingt nicht, Gefangene zu machen. Mit viel Mühe und nur durch einen glücklichen Zufall kommt der Held mit dem Leben davon; nur 4 von 14 seines Trupps, alle verwundet, kehren in die eigenen Linien zurück. Trotzdem genügt die anerkennende Bemerkung eines Mitkämpfers, um alles wieder ins rechte Lot zu rücken:

> „Meine Niedergeschlagenheit wurde etwas erhellt durch die Worte des biederen Oldenburgers Dujesiefken, der (. . .) mit dem Satze schloß: ‚Vor Leutnant Jünger habe ich aber jetzt Respekt; Junge, Junge, der flitzte dich man so über die Barrikaden.' " (St, 199)

Die Resonanz dieses Unternehmens bei den Vorgesetzten, die inoffiziellen und offiziellen Würdigungen und Ehrungen werden selbstbewußt und ausgiebig geschildert: Kaffee beim Regimentskommandeur, Bericht bei der Division, Abendessen mit dem Divisionskommandeur, der ihn „freundlich begrüßt" (St, 200), die Überreichung des Eisernen Kreuzes und 14 Tage Urlaub. Auch eine Notiz im französischen Heeresbericht dokumentiert den „historischen Charakter" dieses Unternehmens.

IV. KRITISCHE TEXTLEKTÜRE: ANALYSE UND INTERPRETATION

1. *Ästhetik des Grauens: Grenzerfahrungen*

Jüngers literarische Fähigkeiten in der Schilderung des Grauens[1], der unerträglichen Bilder vom Töten und Getötetwerden, sind von vielen Autoren gerühmt, von vielen auch kritisch beurteilt worden. Fast alle aber haben mit einer schwer zu beschreibenden Faszination und Betroffenheit auf Jüngers ästhetische Grenzüberschreitungen reagiert[2]: sie werden als besonderer Zug seines epischen Schaffens bezeichnet. Die Beschreibungen der Brutalitäten, des unfaßbaren Leidens und Sterbens hilfloser Verwundeter in den Trichterfeldern wurden von der Lesergemeinde der zwanziger Jahre empfunden und gerechtfertigt als härtester, schonungsloser Realismus: So ist eben der Krieg![3] Die Furchtbarkeit eines historischen Geschehens erklärt indessen keineswegs, warum ein bestimmter Autor wie unter einem magischen Zwang diese Schreckensvisionen des Krieges immer wieder beschwört, und warum seine Lesergemeinde gerade dies als das Einmalige seiner Schilderungen rühmt und nacherlebt. Hierzu einige Beobachtungen, die etwas von den Reaktionsmustern des faszinierten Betrachters erhellen können.

Blutige Bilder und sensatorische Verarbeitung

Im ersten Kapitel werden die Leiden der Menschen noch mit einer gewissen Betroffenheit, z. T. sogar noch mit einem Anflug von Mitgefühl geschildert:

> „Der Durchgang (durch den Graben, J.V.) war entsetzlich, von Schwerverwundeten und Sterbenden versperrt. Eine bis zum Gürtel entblößte Gestalt mit aufgerissenem Rücken lehnte an der Grabenwand. Ein anderer, dem ein dreieckiger Lappen vom Hinterschädel herabhing, stieß fortwährend schrille, erschütternde Schreie aus. Hier herrschte der große Schmerz, und zum ersten Male blickte ich wie durch einen dämonischen Spalt in die Tiefe seines Bereichs." (St, 36 f.)

Schon bald aber werden die Verwundungen und das Sterben der Soldaten um die Ichfigur nur noch sachlich protokolliert — aus einer unberührten Distanz, mit einer Kühle und Akribie, die weder Mitleiden noch Vergeltungswünsche noch irgendwelche anderen Gefühlsregungen erkennen lassen. Minutiöse Beschreibungen von aufgerissenen, zerfetzten, zerschnittenen Körpern finden sich in fast allen Kapiteln:

> „(. . .) fand ich vor der Barrikade (. . .) die formlosen Überreste meines besten Zugführers. Er hatte den Volltreffer einer eigenen Granate mitten ins Kreuz bekommen. Uniform- und Wäschefetzen, die ihm der Druck der Explosion vom Leibe gerissen hatte, hingen über ihm im zerhackten Gezweig der Weißdornhecke (. . .)" (St, 280)
>
> „Einem anderen wurden beide Hände am Gelenk durchschlagen. Er wankte, die Arme auf die Schultern eines Krankenträgers gelegt, blutüberspritzt zurück. Der kleine Zug hatte etwas von einem heroischen Relief, denn der Helfer schritt gebückt, während der Getroffene sich mühsam aufrecht hielt (. . .)" (St, 280)
>
> „(Kurz darauf) setzte noch ein schwerer Minenwerfer ein und wandelte den Graben vollends zur Schlachtbank um." (St, 280)

Die Szenerie der „Schlachtbank" wird von der literarischen Phantasie zum Experimentierfeld ästhetischer Grenzerfahrung umgestaltet. Die Ästhetik nicht des Schmerzes, sondern der kalten Wahrnehmung von zerrissenen Körpern liefert schockartige Sensationen in einem trockenen, fast lakonisch anmutenden Bericht. Der Krieg als besonders exklusiver Rohstoff für ein literarisches Horrorgemälde — und für ein modernes Heldenepos. Die „Erbarmungslosigkeit" des Kampfes und die Größe der psychischen Belastungen sollten den zeitgenössischen Lesern neben der Lust am Grauen die „übermenschlichen Dimensionen" des „Kampfes an der Front" vermitteln.[4]

Dieser Absicht dienen auch die zahlreichen Beschreibungen von Leichen:

> „Ich sprang im Morgennebel aus dem Graben und stand vor einer zusammengeschrumpften französischen Leiche. Fischartiges, verwestes Fleisch leuchtete grünlichweiß aus der zerfetzten Uniform (. . .) Ringsum lagen noch Dutzende von Leichen, verwest, verkalkt, zu Mumien gedörrt, in unheimlichem Totentanz erstarrt." (St, 30 f.)

Immerhin registriert der Erzähler auf diesen ersten Seiten noch Zeichen innerer Erschütterung:

> „Es wurde mir schwer, zu verstehen. Daneben lag ein ganz junger Mensch auf dem Rücken, die glasigen Augen und die Fäuste im Zielen erstarrt. Ein seltsames Gefühl, in solche toten, fragenden Augen zu blicken — ein Schaudern, das ich im Kriege nie ganz verlor." (St, 31)

Allerdings wird dieses „Schaudern" hier — wie im ganzen Buch — nicht reflektierend vertieft, und der Umgang mit zerrissenen Körpern, mit Tod und Verwesung wird bald zum alltäglichen Geschäft. Scheinbar unbeteiligt werden die blutigen Details registriert; aber bei näherem Hinsehen offenbart die Darstellung voyeuristische Züge:

> „(...) lag in zerfetzter Uniform ein Toter auf dem Bauche; der Kopf war abgerissen und das Blut in eine Wasserpfütze geflossen. Als ein Sanitäter ihn herumdrehte (...) sah ich wie in einem bösen Traume, daß am Stumpf seines Armes nur noch der Daumen emporragte." (St, 143)
> „Wir packten die aus den Trümmern ragenden Gliedmaßen und zogen die Leichen heraus. Dem einen war der Kopf abgeschlagen ,und der Hals saß am Rumpf wie ein großer blutiger Schwamm. Aus dem Armstumpf des zweiten ragte der zersplitterte Knochen, und die Uniform war vom Blut einer großen Brustwunde durchtränkt. Dem dritten quollen die Eingeweide aus dem aufgerissenen Leib (...)" (St, 144)

Die meisten „mochten nicht hinschauen", ertrugen den Anblick nicht. Die Ichfigur allerdings sieht sehr genau hin und nimmt sich auch Zeit für die Detailbetrachtung. Fast scheint es, als ob der Erzähler an solchen Bildern ein mindestens ebenso großes Interesse hätte wie der „Krieger" Jünger; sie fallen nicht den zahlreichen Bearbeitungen und Kürzungen zum Opfer, sie gehören offenbar zum Essentiellen der literarischen Botschaft.

Unter den zahllosen Schilderungen von Leichen und Leichenteilen, an denen sich der Berichterstatter mit anatomisch-sezierendem Blick delektiert, gibt es allerdings eine bemerkenswerte Ausnahme. Ein einziges Mal darf der Kriegsheld schwach werden. Es handelt sich um eine Episode während des Aufmarsches zur „Großen Schlacht", bei der eine Granate mitten in Jüngers Kompanie einschlägt, über 20 Soldaten tötet und die meisten verletzt:

> „Nach einem Augenblick der Lähmung, des starren Entsetzens sprang ich auf und rannte wie alle anderen blindlings in die Nacht (...) Nichts mehr hören und sehen, nur fort von hier, weg in die tiefe Dunkelheit! — Aber die Leute! Ich mußte mich um sie kümmern, mir waren sie anvertraut. — Ich zwang mich an den schrecklichen Ort zurück." (St, 234; vgl. St 1925, 219 und St 1937, 249!)

Die panikartige Furcht und die tiefe Betroffenheit können hier durch zwei heterogene Motive des „Kriegers" erklärt werden: die Betroffenheit durch die Zerstörung des Truppenkörpers (als des schützenden, umgebenden Panzers) und die Lähmung der heroischen Ansprüche und Erwartungen. Denn die Kompanie als eine große, vom Helden gesteuerte Kriegsmaschine wird unmittelbar vor dem Einsatz in einem ruhmversprechenden Gefecht buchstäblich in ihre Stücke zerrissen.

Kultivierung ästhetischer Grenzzustände

Auffällig ist, in welchem Ausmaß die Erinnerung oder Aufarbeitung mörderischer Schlachtenszenen besetzt ist bzw. begleitet wird von exaltierten psychischen Zuständen wie Heiterkeit und Wollust oder von völliger Gleichgültigkeit.

Zu Beginn des Kapitels „Les Eparges" genießt der Krieger und Erzähler zum ersten Mal die Geschehnisse bei der Vorbereitung bzw. am Rande eines Gefechts:

> „Auf der Grande Tranchée hasteten Truppen vor. Um Wasser flehende Verwundete kauerten am Straßenrand, bahrentragende Gefangene keuchten zurück, Protzen rasselten im Galopp durchs Feuer. Rechts und links stampften Granaten den weichen Boden, schweres Geäst brach nieder. Mitten im Weg lag ein totes Pferd mit riesigen Wunden, daneben dampfende Eingeweide. Zwischen den großen und blutigen Bildern herrschte eine wilde ungeahnte Heiterkeit." (St, 29)

Immer wieder wird der Vergleich mit dem Drama auf einer Weltbühne gesucht[6]:

> „Ein Feuerwerk von Leuchtkugeln strahlte Mittagshelle auf das mit dichten Rauchschwaden behängte Vorgelände. Diese Augenblicke, in denen die volle Besatzung in höchster Spannung hinter der Brüstung stand, hatten etwas Zauberhaftes; sie erinnerten an jene atemlose Sekunde vor einer entscheiden-

den Vorführung, während deren die Musik abbricht und die große Beleuchtung eingeschaltet wird." (St, 84)

Die im Trommelfeuer auch von anderen „Kriegs"-Autoren oft beobachtete Überforderung der Sinne, das Entgleisen der Körperkontrollen, das Umschlagen des Verhaltens in Formen von Hysterie — das alles wird vom Erzähler Jünger sehr genau registriert und kultiviert als eine bestimmte Form von Bewußtseinserweiterung, mehr noch: als eine Art Drogenrausch, die Erfahrungen eines Transgresses mit sich bringt. Das Grauen wird auf diesem Weg zum dämonischen Zauber ästhetisiert:

> „(...) ein dicker Leichengeruch (...) Übrigens war dieser schwere und süßliche Hauch nicht lediglich widerwärtig; er rief darüber hinaus, eng mit den stechenden Nebeln des Sprengstoffs vermischt, eine fast hellseherische Erregung hervor, wie sie nur die höchste Nähe des Todes zu erzeugen vermag." (St, 100)

Eine sehr ähnliche Passage, fast ein Versatzstück, findet sich im Schlußteil des Buches:

> „Ein zäher Leichengeruch lagerte über der eroberten Gegend, bald mehr, bald weniger zudringlich, immer aber die Sinne erregend wie eine Botschaft aus einem unheimlichen Land.
> ‚Offensivparfüm' erscholl neben mir die Stimme eines alten Kriegers (...)" (St, 268)

Auch erotische Momente spielen mit in der erzählenden Erinnerung: lustvolle Empfindungen höchster Potenz und nur wenig kaschierte Orgasmusphantasien assoziiert der Erzähler mit den akustischen Eindrücken eines gesteigerten Trommelfeuers:

> „Das Feuer wurde von Minute zu Minute gewaltiger und erreichte bald jenen Höhepunkt, auf dem die Erregung, keiner weiteren Steigerung fähig, einer fast lustigen Gleichgültigkeit weicht." (St, 176)

Anwandlungen von Angst oder Panik scheinen dem nacherlebenden Erzähler fremd zu sein. Gefühle der Einsamkeit und Ohnmacht treten nur dort auf, wo der Held die feindlichen Beschießungen 1. außerhalb eines Gefechts oder auf dem Anmarsch dorthin (außerhalb der heroischen Aktion also), und 2. getrennt vom schützenden Körper seines Zuges/seiner Kompanie erlebt. Die Beschreibungen dieser Verlorenheits-Zustände lassen psychoanalytische Deutungen zu: hier artikuliert sich der Schrei nach der bergenden, wärmenden Mutter (Erde); ein verängstigtes Kind scheint das Gesicht im Schoß der Mutter zu vergraben. In solchen Augenblicken kann der soldatische Mann sogar eins der stärksten Tabus, das Verbot der zärtlichen Berührung, brechen (vgl. St, 169).

Gelegentlich schlägt das Nacherleben der physischen und psychischen Marter um in masochistische Phantasiespiele. Der Erzähler „dokumentiert" sie als Zeugnisse eines höchsten, heroischen Widerstandswillens. Dazu eine reflektierende, deutende Passage:

> „Doch diese Geräusche (der schweren Granatenbeschießung, J.V.) sind leichter beschrieben als ausgestanden, denn das Gefühl verbindet jeden Einzelton des schwirrenden Eisens mit der Idee des Todes, und so hockte ich denn in meinem Erdloch, die Hand vor Augen, während an meiner Vorstellung alle Möglichkeiten des Getroffenwerdens vorüberzogen. Ich glaube einen Vergleich gefunden zu haben, der das besondere Gefühl dieser Lage, in der ich wie jeder andere Soldat dieses Krieges so oft gewesen bin, recht gut trifft: Man stelle sich vor, ganz fest an einen Pfahl gebunden und dabei von einem Kerl, der einen schweren Hammer schwingt, ständig bedroht zu sein. Bald ist der Hammer zum Schwung zurückgezogen, bald saust er vor, daß er fast den Schädel berührt, dann wieder trifft er den Pfahl, daß die Splitter fliegen, — genau dieser Lage entspricht das, was man deckungslos inmitten einer schweren Beschießung erlebt." (St, 87 f.)

Solche Fronterlebnisse sind wichtige Bestandteile eines Mythos, an dem die soldatischen Autoren, die Frontkämpferbünde und die Freikorps in der Nachkriegszeit gewebt haben („Dieser Krieg mit seinen Trommelfeuern hat uns alle geprägt, hat uns tief umgewandelt."[7])

Nicht nur die Gefühlspalette des Schocks, der Panik, des Grauens liefert exotisches Reizmaterial und bizarre Bilder für das literarische Nacherleben. Gelegentlich registriert der Berichterstatter auch ein ganz zweckfreies und unbefangenes ästhetisches Vergnügen[8] beim Pfeifen und Einschlagen der Granaten oder bei der Wahrnehmung der Schreie Verwundeter:

> „Dazwischen zwitscherten zu Hunderten die Zünder mit eigenartigem, an Kanarienvögel erinnerndem Gesang. Mit ihren Ausschnitten, in denen die Luft sich mit trillerndem Flöten verfing, zogen sie wie kupferne Spieluhren oder wie

eine Art von mechanischen Insekten über die lange Brandung der Einschläge dahin." (St, 33)

„Plötzlich aber trug ein kleiner Windstoß einen süßlichen Zwiebelgeruch heran, zugleich hörte ich im Walde eine Reihe von Stimmen: ‚Gas, Gas, Gas!' Dieser Ruf klang aus der Entfernung eigenartig fein und klagend, so wie man etwa ein Grillenzirpen hört." (St, 122)

Synästhetische Bilder und Empfindungen erscheinen allerdings nur sporadisch, z. T. sind sie erst in späteren Bearbeitungsstufen eingesetzte „stilistische Verfeinerungen". Sie haben jedoch auch schon in den frühen Fassungen ihren Stellenwert für die Ästhetisierung der Materialschlachten und des Krieges schlechthin; sie zeigen einen aus der Schlachtenszene entrückten Beobachter des kriegerischen Wütens, einen Verächter menschlicher Gefühle und den Überwinder eigener und fremder Todesangst.

Entrückte Zustände

Die dauernde Überforderung der Sinne, die extremen psychischen und physischen Belastungen hinterlassen Defekte, bleibende Veränderungen in der Persönlichkeit der soldatischen Männer. Von Sinnestäuschungen über Halluzinationen und Trancezustände bis zur vollständigen Bewußtlosigkeit reichen die Beobachtungen. Mahler spricht von der „Spaltung des Ich in einen planenden und einen erlebenden Teil"[9]; Zustände dieser Art sind gerade für Jüngers literarisches Nacherleben charakteristisch.

Die unverarbeiteten Eindrücke des Krieges sind allerdings — das kann Theweleit an zahlreichen Quellen plausibel zeigen[10] — nicht der Verursacher, sondern nur der Auslöser für die registrierten Störungen und Schizophrenien. Versagen die Kontrollen des Körperpanzers, des abschirmenden und eindämmenden Ichs dieser Männer, dann stürzen die entfesselten Energien ihres Es „auf uns wie Fledermäuse aus dunklen Verließen" (KiE 1922, 73). In der Ich-Spaltung erfährt der Berichterstatter sich als „eisklaren" Beobachter, der die Vorgänge in sich und mit sich ohnmächtig registriert wie ein unfaßbares, magisches Geschehen, der sie wahrnimmt als „tiefe Träume" oder jenseitige Erscheinungen, die in „blutig wallende Nebel" eingehüllt sind.

Diese von Jünger meist als Todesvisionen, als direkter Kontakt mit dem Jenseitigen gedeuteten Zustände sind von starken Ängsten und Depressionen begleitet: Das mit allen Kräften kontrollierende Körperich fürchtet seine Sprengung, sein Zerfließen oder sein Verschlungenwerden durch polypenhafte Saugarme, die *aus dem Innern* herauskommen. Theweleit zitiert dazu die psychoanalytische Erklärung, die Mahler für diese Zustände liefert:

> „Das Ich wird dann zum Opfer der entneutralisierten, entmischten Triebe, insbesondere der unverminderten destruktiven Regungen."[11]

Einsamkeit und Untätigkeit („keine klaren Befehle") oder Auflösungserscheinungen im eigenen militärischen Verband empfindet der soldatische Mann als größte Gefahren für sein Ich. In unbekannten feindlichen Gräben, wenn die Erscheinung des Gegners, auf die sich das zur Entladung drängende Innere richten kann, nicht sichtbar wird; wenn auch die angedrillte „Fassung" des Kasernenhofes, wenn kein „Zusammenreißen" (die innere Erektion der ganzen Muskelphysis) mehr helfen, — dann sieht sich der soldatische Mann plötzlich wehrlos gegenüber den inneren Gewalten, die ihn zu zerreißen drohen. Dann befallen ihn die Ohnmachtsgefühle des Kindes in dunkler Nacht, dann wird der Ruf nach der umhüllenden, wärmenden Mutter unüberhörbar.

In solchen Augenblicken rückt auch das transzendentale Erlebnis der Selbstauflösung, des Todes nahe. Mit den Visionen lähmender Ich-Spaltung verbinden sich auf eigenartige Weise Gefühle der Schwerelosigkeit und des Außer-sich-Seins:

> „(...) hatte ich ein sehr unpersönliches Gefühl, als ob ich mich selbst mit einem Fernrohr beobachtete. Zum erstenmale in diesem Kriege konnte ich das Zischen der kleinen Geschosse hören, als pfiffen sie an einem unbelebten Gegenstande vorbei. Die Landschaft war von einer gläsernen Durchsichtigkeit." (St, 292)
>
> „Gleichzeitig mit der Wahrnehmung des Treffers fühlte ich, wie das Geschoß ins Leben schnitt (...) und seltsamerweise gehört dieser Augenblick zu den ganz wenigen, von denen ich sagen kann, daß sie wirklich glücklich gewesen sind. In ihm begriff ich, wie durch einen Blitz erleuchtet, mein Leben in seiner innersten Gestalt. Ich spürte ein ungläubiges Erstaunen darüber, daß es gerade hier zu Ende sein sollte, aber dieses Erstaunen war von einer sehr heiteren Art. Dann hörte ich das Feuer immer schwächer werden, als sänke ich wie ein Stein tief unter die Oberfläche eines brausenden Wassers hinab." (St, 293)

Der Tod, das endgültige Zerbrechen bzw. Zerfließen des Ich, gehört tatsächlich zu den ersehnten Endzuständen dieser soldatischen Existenz; nur er erscheint als die Befreiung von diesem lebenslangem Druck, nur er verspricht Erlösung von der brodelnden inneren Pein:

> „Wie im Traum wahrgenommene Vorgänge, das Gefühl der Unwirklichkeit, die bedrohliche Gewißheit, sich auf schwankendem Grund zu bewegen, fehlen in fast keinem faschistischen Buch, das ein wenig anspruchsvoll sein will."[12]

Jünger kultiviert dieses Moment soldatischen Erlebens auf sehr anspruchsvolle Weise. Aber noch mehr als diese lähmenden Zustände des Untergehens und Sich-Verlierens, die er beim Zerbröckeln seines stützenden Ich-Panzers beobachtet, faszinieren den Erzähler die Eruptionen des Innern im Augenblick des Eindringens in den Gegner: der Tötungsrausch ist in den „Stahlgewittern" (mehr noch im „Kampf als inneres Erlebnis") das interessanteste Experimentierfeld soldatischer Sensationen und schriftstellerischer Artistik. Das soll in einem anderen Abschnitt noch genauer untersucht werden.

2. *Mythisierung der Materialschlacht*

Das im I. Weltkrieg erstmals eingesetzte konzentrierte Artilleriefeuer war eine neuartige Erscheinung auf dem Kriegsschauplatz. Es hat den Schlachten nach Einschätzung der Historiker sowohl in quantitativer als auch in qualitativer Hinsicht ein völlig verändertes Gepräge gegeben. Für Soldaten und Truppenführer war das „Trommelfeuer" eine unbekannte, kaum zu bewältigende Erfahrung, auf die der militärische Apparat weder organisatorisch noch psychologisch vorbereitet war.

In den Kriegserinnerungen der „Frontkämpfer" spielt diese Erfahrung eine zentrale Rolle: Im Trommelfeuer dabeigewesen zu sein und es lebend überstanden zu haben — das wurde als „Fronterlebnis" in der Nachkriegsliteratur in vielfältiger Weise gefeiert und mythologisiert. Die Bücher der „patriotischen" Kriegsschriftsteller berichten wenig vom einsamen und sinnlosen Sterben Hunderttausender in den Trichterfeldern, sie benutzen das Erlebte und Unbegriffene lieber zur Beschwörung von „Urgewalten" und vom „Aufruhr der Elemente", denen sie „getrotzt" hatten. Ein beliebter Topos war die Legende von der „Feuertaufe", wie sie von den Frontkämpferbünden der zwanziger Jahre in Kriegserinnerungen gefeiert und als Bewährungsprobe propagiert wurde, als exklusives Erleben einer neuen Kriegergeneration (‚Davon kann nur der erzählen, der selber dabeigewesen ist!'). Jüngers Buch „In Stahlgewittern" hat bei der Mythologisierung dieser Fronterfahrungen, besonders bei der Heroisierung des „Frontsoldaten", eine zentrale Rolle gespielt.

Kriegslandschaften, Schlachtenbilder

Jünger hat — in all seinen Kriegsbüchern — die optischen und akustischen Erinnerungen an das Trommelfeuer in eigenwilligen Landschaftsbildern beschworen und in suggestiven Metaphern literarisch nach- und neuerlebt:

> „Auf der einsamen Höhe (...) lag eine Ruine (...) Weithin reichte von dort der Blick über das ausgestorbene Land, dessen tote Dörfer verbunden waren durch Straßen, auf denen kein Wagen rollte und kein lebendes Wesen zu sehen war (...) Nur hier und dort wirbelte der Rauch einer Granate auf, wie von Geisterhand in die Höhe gestoßen, und verflatterte im Wind; oder der Ball eines Schrapnells stand über der Wiese wie eine große weiße Flocke, die langsam zerschmolz. Das Gesicht der Landschaft war finster und fabelhaft, der Kampf hatte das Liebliche der Gegend hinweggewischt und seine ehernen Züge hineingegraben, vor denen der einsame Betrachter erschrak. Die Verlassenheit und das tiefe Schweigen, ab und zu vom dumpfen Ton der Geschütze unterbrochen, wurden durch den traurigen Eindruck der Zerstörung verstärkt (...)" (St, 44 f.)

Gelegentlich bildet diese Landschaft auch die eindrucksvolle Kulisse, das heroische Panorama, vor denen das Heldenepos sich abspielt; so deutet es auch der nacherlebende Betrachter:

> „Gerade in den Stunden, wo die fürchterliche Wucht der Dinge die Seele weich zu hämmern drohte, fanden sich Männer, die achtlos darüber hinwegtanzten wie über ein Nichts. Und jene einzige Idee, die sich für Männer geziemt: daß die Materie nichts und der Geist alles ist, jene Idee, auf der allein die Größe des Menschen beruht (...) Da empfand man, daß diese Häufung von Knalleffekten, diese brüllenden Stahlgewitter, mochten sie noch so gierig sich bäumen, doch nur

Maschinerie, nur Theaterkulissen waren, die erst Bedeutung erlangten durch das Spiel, das der Mensch vor ihnen spielte." (KiE, 60 f.)

Die Kampfgefilde heroischer Bewährung und Selbstfindung werden hier nicht mehr in fernen Kontinenten gesucht, in Urwald und Wüstensand, von denen die Vorkriegsgeneration träumte. Die „Ränder der bekannten Welt" liegen nun jenseits der ‚Hauptkampflinie'; für Abenteuer, Ausbruch und Eroberung bieten die Kriegslandschaften Räume, die unbegreiflicher und exotischer erscheinen als fernste Länder.

Der Krieger (wie auch der Erzähler Jünger) begibt sich dabei gern auf „Feldherrnhügel", auf hochgelegene, entfernte Aussichtspunkte, von denen aus er das Treiben der kriegerischen Gewalten bestaunt und genießt. Für den Soldaten und Truppenführer ist es die Position an einem überdimensionalen Sandkasten, an dem taktische und strategische Züge spielerisch nachvollzogen werden. Für den klassisch gebildeten Erzähler ist es der „olympische" Standort, der äonen-überschauende Blick, mit dem er sich als „Gott der Schlachten" am zerstörerischen Gewimmel ergötzt:

„(...) zogen wir (...) zu der vor den Waldrand (...) geschobenen zweiten Stellung, die uns einen gewaltigen Ausblick auf das Vorspiel zur Somme-Schlacht bot. Die Frontabschnitte links von uns waren in weiße und schwarze Rauchschwaden gehüllt, turmhoch spritzte ein schwerer Einschlag neben dem anderen; darüber zuckten zu Hunderten die kurzen Blitze platzender Schrapnells. Nur die bunten Signale, die stummen Hilferufe zur Artillerie, verrieten, daß in den Stellungen noch Leben war. Zum ersten Male sah ich hier ein Feuer, das nur einem Naturschauspiel zu vergleichen war." (St, 84 f.)

„Während die beiden Artillerien auf ausgedehnten Flächen gegeneinander wüteten, brach ein furchtbares Gewitter los, so daß wie in der homerischen Schlacht der Götter und Menschen der Aufruhr der Erde mit dem des Himmels wetteiferte." (St, 111)

Die Frontlandschaft liefert der Phantasie des Erzählers ein Bildmaterial, das die aufgestauten Wünsche transformiert in sehnsuchtsvolle Weiten, ins Unbekannte, Verlockende, Drohende.[13] Unter den „zerrissenen", „kampfzerwühlten", „zerstampften" Regionen liegen für den soldatischen Mann „Urkräfte" verborgen, die Ausdruck weiblich-verschlingender Ströme sind, Lavafluten der

Mutter Erde, die er vergeblich einzudämmen trachtet. Zum absoluten Höhepunkt dieser „Entfesselung der Naturgewalten" (immer erlebt als Paradigma des eigenen Innern) gestaltet der Erzähler die Feuervorbereitung zur deutschen Frühjahrsoffensive 1918. Im Kapitel „Die Große Schlacht", Kulminationspunkt des Heldenepos, zieht sich die Beschreibung des fünfstündigen deutschen Trommelfeuers über vier Seiten. Hier einige kurze Ausschnitte:

> „Endlich stand er (der Uhrzeiger, J.V.) auf 5.05 Uhr. Der Orkan brach los. Ein flammender Vorhang fuhr hoch, von jähem, nie gehörtem Aufbrüllen gefolgt. Ein rasender Donner, der auch die schwersten Abschüsse in seinem Rollen verschlang, ließ die Erde erzittern. Das riesenhafte Vernichtungsgebrüll der unzähligen Geschütze hinter uns war so furchtbar, daß auch die größten der überstandenen Schlachten dagegen erschienen wie ein Kinderspiel." (St, 238)
> „Auf Deckung stehend, bestaunten wir die über den englischen Gräben stehende turmhohe Feuerwand, die sich hinter wallenden blutroten Wolken verschleierte." (St, 238)
> „Hinter uns wuchs das ungeheure Getöse fortwährend (...) alle waren überwältigt von der elementaren Wucht des Feuersturmes und brannten darauf, um 9.40 Uhr anzutreten." (St, 239)
> „Selbst die Naturgesetze schienen ihre Gültigkeit verloren zu haben. Die Luft flimmerte wie an heißen Sommertagen (...) Das Getöse war absolut geworden, man hörte es nicht mehr." (St, 239)
> „In den Trichtern vor dem feindlichen Graben, der im Feuersturm wieder und wieder umgewühlt wurde, harrten (...) die Angriffsbataillone. Beim Anblick dieser aufgestauten Massen schien mir der Durchbruch gewiß." (St, 240 f.)
> „Der Schlachtendonner war so fürchterlich geworden, daß keiner mehr bei klarem Verstande war." (St, 241)

Der Anblick der „turmhohen Flammenwand" über den englischen Gräben reißt alle mit, die sich an der Erscheinung dieses ragenden, phallischen Siegesfanals berauschen. An diesem Punkt darf der soldatische Mann seinen Panzer zerbrechen, er darf herausströmen, herausstürzen lassen, was er so lange in eiserner Umklammerung gehalten hat:

> „Der ungeheure Vernichtungswille, der über der Walstatt lag, verdichtete sich in den Gehirnen und tauchte sie in rote Nebel ein. Wir riefen uns schluchzend und stammelnd abgerissene

Sätze zu, und ein unbeteiligter Zuschauer hätte vielleicht glauben können, daß wir von einem Übermaß an Glück ergriffen wären." (St, 242)

In diesem lustvoll erlebten Fragmentieren des Ich-Panzers scheint dem nacherlebenden Erzähler „der Durchbruch gewiß". Die zu einem einzigen „machtvollen Stoß" zusammengefaßte Bewegung symbolisiert für ihn und seine Mitkämpfer eine Über-Zeugung, eine Hochzeit mit der Mutter Erde, und die Beteiligten empfinden es zugleich als die Geburtswehen beim Hervorbringen von etwas Neuem, Größeren. In der Fassung von 1935 (in den „Werken" gestrichen) heißt es in diesem Zusammenhang:

„(Der Schlachtendonner) hatte eine pressende Gewalt, die für die Angst keinen Raum mehr in den Herzen ließ. Jeder war rasend und unberechenbar, in übermenschliche Landschaften verschlagen; der Tod hatte seine Bedeutung verloren, der Wille zum Leben war auf ein Größeres übergesprungen, das machte alle blind und achtlos gegen das persönliche Geschick." (St 1937, 257)

Die Visionen von der Besamung/Zeugung und dem Hervorsprossen neuer Kriegergenerationen nehmen einige Seiten weiter noch deutlichere Gestalt an:

„Ich sah, wie aus einem tiefen Traum erwachend, daß sich die deutschen Stahlhelme durch das Trichterfeld näherten. Sie wuchsen wie eine eiserne Saat aus dem mit Feuer gepflügten Boden hervor." (St, 245)

Daß diese Kodierung des Trommelfeuers nicht zufällig oder auf ein bestimmtes Erlebnis beschränkt ist, bestätigen zahlreiche weitere Bild-Assoziationen bei der Wahrnehmung von Granateinschlägen: „löste eine kirchturmhohe Erdsäule die andere ab" (St, 147); „turmhoch spritzte ein schwerer Einschlag neben dem andern" (St, 84); „ein wechselnder Wald hochspritzender Schlammgeiser" (St, 176); „so fuhren ihre Kegel wie lanzenförmige Pappeln hoch" (St, 173); „die Erde sprang in fauchenden Fontänen auf" (St, 185). Diese immer wiederkehrenden Bilder lassen sich leicht entschlüsseln als variantenreiche Phantasien von phallischen Erregungen, sei es nun der drohend gereckte Phallus des Bruders/Feindes, sei es das stolz demonstrierte Machtsymbol eigener Potenz. Das Szenarium, das die Erinnerung des Erzählenden bannt oder stimuliert, entsteht aus dem eigenen Innern:

„Das Geschehen des Krieges hat zum Zentrum den Mann, der es beschreibt. Alle Explosionen kommen aus ihm oder beziehen sich auf ihn. Der Weltuntergang wird aus ihm/für ihn in Szene gesetzt. Kriegsschauplatz ist zunächst und vor allem sein eigener Leib in der Erwartung, in andere Leiber einzudringen, sie in der Umarmung zu zerfleischen."[15]

3. *Vitalismus und Todessehnsucht*

„O Leben du! Noch einmal, noch einmal, vielleicht das letzte! Raubbau treiben, prassen, vergeuden, das ganze Feuerwerk in tausend Sonnen und kreisenden Flammenrädern verspritzen, die gespeicherte Kraft verbrennen vorm Gang in die eisige Wüste. Hinein in die Brandung des Fleisches, tausend Gurgeln haben, dem Phallus schimmernde Tempel errichten (. . .)" (KiE, 36)

„Das ist ein Köstliches am Leben, daß es gerade, wenn der Tod am gierigsten würgt, in Krieg, Revolution und Pestilenz, am buntesten und tollsten dahinflirrt." (KiE, 36)

Die hymnischen Passagen vom „Leben" als eruptiver Gewalt finden sich in dem Kapitel-Essay „Eros" des Buches „Der Kampf als inneres Erlebnis". Die vitalen Ausbrüche, die „unbezähmbare Gier nach Leben" — wie der Krieger es versteht — sind ein unübersehbares Moment im gesamten Frühwerk Jüngers. Da wird die Sprache ähnlich intensiv wie im Nacherleben des Angriffsrausches, der Tötungsorgie. Die Faszination, die dieses Motiv auf Jüngers Leser und Gefolgsleute ausgeübt hat, findet sich auch bei professionellen Literaturhistorikern und -kritikern wieder. Charakteristisch für Jünger ist, daß Äußerungen solcher „Lebensgier" fast immer im Zusammenhang mit dem Motiv der Todesnähe, dem lustvoll-schmerzhaften Untergehen, auftreten:

„Klar stand er (der „Landsknecht" nach der Liebesnacht; sie war ihm „Erlösung" und „Entsühnung"; J.V.) im Hagel der Geschosse, noch den Hauch der Küsse im Haar. Der Tod nahte als Freund, ein reifes Korn fiel unterm Schnitt." (KiE, 40)

Dieses „Leben", das immer wieder beschworen wird, dessen man sich immer wieder gewaltsam versichert („Aufgirrte trunkenes Gelächter, wenn metallischer Griff in weißem Fleisch versank. Krieger und Mädchen, ein altes Motiv." KiE, 34) — dieses „Leben" ist etwas anderes als das, welches vor allem der späte Jünger in kosmologischen und mythologischen Bildern deutet; es ist nicht das ständige Werden und Vergehen, das Zeugen und Absterben in der ewigen Kreisbewegung einer allmächtigen, unbekümmerten Natur.[16] Es ist vielmehr jene Form von „Leben", welches sich der soldatische Mann in den kurzen Räuschen der Destruktion anverwandelt, um — scheinbar — zu überleben, d. h. sich seiner selbst als eines unversehrten Ganzen zu versichern. „Leben heißt töten" (KiE, 38) — das ist die direkte, kategorische Formulierung dessen, was der soldatische Mann als seine ureigenste Bestimmung empfindet.

Wenn es ins Gefecht geht, zu einem Stoßtruppunternehmen oder in einen „Großangriff", finden wir die Ichfigur fast immer in der „besten, heitersten Laune" (z. B. St, 98); dann werden Gefühle freigelassen, die der soldatische Mann sonst nach Kräften eindämmt, bekämpft, ignoriert. Landschaften im Frühling, üppiges junges Grün erlebt der Krieger/Erzähler unmittelbar als Entäußerungen seiner männlich-kriegerischen Potenz. Dieses Spiel ungebrochen-naturwüchsiger Kraft ist stets die Vorbereitung der großen heroischen Tat:

> „Ich genoß die prächtige Landschaft in vollen Zügen (. . .) Mit jedem Frühling begann auch ein neues Kampfjahr; die Anzeichen eines Großangriffs gehörten ebenso dazu wie Himmelsschlüssel und junges Grün." (St, 149 f.)

Demselben Zweck dienen die kurzen Phasen der Regeneration nach langem, zermürbenden Grabendienst, nach Stoßtruppunternehmen und erlittenem Trommelfeuer:

> „Die wenigen Tage wurden von allen benutzt, sich des hartumkämpften Daseins zu freuen. Noch konnte man es kaum fassen, daß man dem Tod entronnen war, und versicherte sich des neugewonnenen Lebens, indem man es in all seinen Formen genoß." (St, 123)

Die Bewunderung für das brausende Leben der Städte, die zarteinfühlenden Schilderungen des ersten Grüns, die Erinnerungen an den „blumigen Teppich" (St, 153) und die „zauberhaften Erscheinungen" von „weiß, rosa oder dunkelrot überblühten Bäumen" (St, 151), unmittelbar neben den Bildern des Grauens — diese Züge wurden immer wieder als schwer erklärbare Paradoxien in Jüngers Werk beschrieben und gepriesen. Die Entschlüsselung läßt — vor allem bei der Schilderung großer, buntbewegter

Städte — unschwer erkennen, daß Jünger hier weibliche Erscheinungen, genauer gesagt: Frauenkörper beschreibt, wie er sie erlebt: bunt: kostümiert, lieblich, verlockend. Vitale Eruptionen als — manchmal zugelassene — Ausbrüche des Es, des weiblichen Trieb-(Un)wesens in ihm, enthalten für den Erlebenden neben den üppig-berauschenden Eindrücken immer auch etwas Tückisches: das Hinabziehende, die verschlingende Nähe des Todes, die Auflösung. Diese in allen Äußerungen von „Lebensgier" mitenthaltene „Todessehnsucht" ist m. E. in der Jünger-Literatur oft mißverstanden und fehlgedeutet worden: als Topos, als Motiv einer hybrid-ästhetizistischen Tradition hat man diesen Zug verstehen wollen, oder einfach als eine mehr oder minder gut präsentierte Attitüde des Autors, die als Symptom für das „Lebensgefühl" jener Zeit, die zwanziger Jahre, zu verstehen sei[18]:

> „(Im Gegensatz zu Klaus Mann) liegen im Falle Ernst Jüngers tiefere Wurzeln in einer nostalgischen Konzeption von ‚Lebenslangeweile', eines lebensüberdrüssigen ‚spleens', wie ihn Baudelaire stilisiert hat. Als Vorbild seiner Ästhetik des Grauens wird der ‚poète maudit' von Jünger daher auch des öfteren zitiert, etwa um das Sterben an der Front zu versinnbildlichen: Koketterie mit dem erwünschten Tod, ästhetisch gestalteter ‚mort joyeux'."[19]

Dieser Auffassung muß man nach den vorliegenden Befunden, vor allem auch nach der materialreichen Untersuchung von Theweleit, entschieden widersprechen. Jünger ist, sowohl von seiner Biographie als auch von seinen literarischen Orientierungen her (wie auch von seiner Selbsteinschätzung; vgl. das von Kerker zitierte Interview in ‚Le Monde'[20]) keineswegs der poète maudit, zu dem man ihn stilisieren möchte. Jüngers literarische Bilder und Symbole lassen sich weder aus einer aristokratischen Morbidität/Dekadenz noch aus dandyhafter Koketterie mit einem „mort joyeux" schlüssig erklären. Er selbst verstand sich auch durchaus nicht als Vertreter einer melancholisch-resignierten Endzeit-Generation, sondern als selbstbewußter „Krieger" und Künder einer „neuen Rasse".

So heißt es z. B. im „Kampf als inneres Erlebnis" im Kapitel „Landsknechte" über die Heroen-Vorbilder des Krieges:

> „Sie mußten Leben äußern und formen, wild und gewaltig, wie es ihnen ununterbrochen aus der Tiefe quoll. War männliche Jugend ihnen allein Rausch und Flamme, so fachten Kampf, Wein und Liebe sie zu weißer Glut, zu tollem Ster-

ben-Wollen an (...) Aus *einer* Quelle lohte ihnen alles Sein, mochte es sich im vollen Glase, in den rasenden Augen des Gegners oder im sanften Lächeln eines Mädchens spiegeln. Im Rausch erwachte das Überwindertum, auf den Gipfeln der Schlacht der Rausch, in den Armen der Liebe schmolz ihnen beides zusammen." (KiE, 61)

Die Posen des ‚dégout de la vie', wie Kerker sie beschreibt, bleiben ein sekundäres, z. T. aufgesetzt wirkendes Stilelement; sie kommen bei Jünger außerdem erst in späteren Bearbeitungsstufen des „Stahlgewitter"-Stoffes hinzu. Es ist weder Koketterie noch melancholisch-nostalgische Sehnsucht nach einem „schönen Sterben", sondern blutig ernst gemeint, wenn der Erzähler-Krieger seine „Triebe" so beschreibt:

„Auch mich zwang der Vernichtungstrieb in die Feuergarben." (St 1937, 259)

Im Wortlaut der „Werke":

„Auch ich rannte blindlings den feuerspeienden Bahndamm an." (St, 244)

Natürlich wird in der bewußt doppeldeutigen Formulierung „zwang der Vernichtungstrieb" zunächst der Sprung in den Tod sprachlich beschworen, ein Eintauchen, Verspritzen, Verlöschen vor dem „feuerspeienden Bahndamm"; aber dieses Verlöschen ist zwingend gekoppelt an ein tödliches Eindringen in den Feind. „Vernichtungstrieb" meint in diesem Zusammenhang vor allem den expansiven Weg der „Erlösung", durch zerstörendes Verschmelzen mit dem Gegenüber.

4. Ästhetisierung von Massenmord und Massensterben

Kein Zweifel: Die Kapitel der großen Schlachten, genauer: *vom* großen Schlachten enthalten für den Berichterstatter die eigentlichen Höhepunkte des Buches. Im ersten Teil wird dieses „Handwerk" oft noch betrieben als ein fröhliches kleines Jagdabenteuer, mit Schießübungen auf Tier und Mensch:

„Oft ist es auch ganz nett. Manche sind mit weidmännischem Eifer bei der Sache. Mit dem Genuß von Kennern betrachten sie die Einschläge der Artillerie im feindlichen Graben. ‚Junge, der saß!‘ ‚Donnerwetter, sieh mal wie das spritzt! Armer Tommy! Da bleibt kein Auge trocken!‘ Gern schießen sie Gewehrgranaten und leichte Minen hinüber (...) Das hindert sie (...) nicht, ständig darüber nachzudenken, wie sie wohl am besten Handgranaten mit einer Art selbsterfundener Katapulte fortschleudern oder durch irgendeine Höllenmaschine das Vorgelände gefährden könnten (...) Ihnen macht der Krieg eben Spaß.“ (St, 54 f.)

Die kleinen sadistischen „Streiche“ mit Tötungsmaschinen, die auch der nacherlebende Erzähler mit wohlwollendem Schmunzeln betrachtet, haben z. T. den Charakter ausgelassener Indianerspiele von Jungen, die sowas eben tun müssen, um „richtige Kerle“ zu sein. Fehlt einmal „der Feind“ ganz, dann eröffnet man die Jagd auf Rebhühner und Hasen, am liebsten aber auf Ratten (z. B. St, 60). Detailliert — und genußvoll — wird beschrieben, mit welcher Art von Fallen und Mordinstrumenten man der „quiekenden Brut“ den Garaus macht (z. B. St, 49 f.).

Die für Jünger eindrucksvollsten und für seine militärische Karriere erfolgreichsten Aktionen waren die kriegerischen Jagdabenteuer der „Stoßtruppunternehmen“. Hier sind die Berichte chronologisch und topologisch relativ übersichtlich, die Details der Vorbereitung, der Durchführung und des ruhmreichen „Nachspiels“ werden genau protokolliert. So verabredet die Ichfigur einmal mit drei Untergebenen „eine Patrouille“, um einfach „etwas zwischen den Drähten herumzustreichen und zu sehen, was das Niemandsland Neues brächte, denn die Stellung begann allmählich wieder langweilig zu werden“ (St, 94). Zur Vorbereitung wird eine Reihe von Flaschen geleert, und, so heißt es weiter:

„Gegen Mitternacht brachen wir die Sitzung ab (...) Nachdem ich mir einige trockene Handgranaten ausgesucht hatte, kletterte ich in bester Laune über den Draht, und Brauns rief mir ein ‚Hals- und Bauchschuß!‘ nach.“ (St, 94)

Bald darauf stoßen sie auf schanzende Engländer, und der Held befiehlt seinem widerstrebenden Fähnrich, eine Handgranate dazwischenzuwerfen:

„ ‚Direkter Befehl, Fähnrich!‘
Die Formel (St 1937: Der Geist des preußischen Kasernenhofes) verfehlte auch in dieser Einöde nicht ihre furchtbare Wirkung.“ (St, 95)

Mit stolzer Genugtuung registriert der Krieger/Erzähler das selbstmörderische Parieren seines Untergebenen. In dem nun folgenden Handgemenge werden einige Engländer umgebracht; die feindlichen Posten beginnen zu schießen; mit sehr viel Glück und klappernden Zähnen kommen alle zurück in den eigenen Graben:

> „Alles freute sich über den glücklichen Ausgang (. . .)" (St, 96)

Einige Zeilen weiter zieht der nacherlebende Berichterstatter selbstbewußt Bilanz:

> „Diese kurzen Streifzüge, bei denen man das Herz fest in die Hand nehmen mußte, waren ein gutes Mittel, den Mut zu stählen und die Eintönigkeit des Grabendaseins zu unterbrechen. Der Soldat darf sich vor allem nicht langweilen." (St, 96)

Daß der Krieger/Erzähler aber auch an einer anderen Form von „Kriegführung" Geschmack findet, zeigen Berichte von einem vorbereiteten Rückzug, als ein feindlicher „Großangriff" erwartet wird:

> „Die Dörfer, die wir auf dem Anmarsch durchschritten, hatten das Aussehen großer Tollhäuser angenommen. Ganze Kompanien stießen und rissen Mauern um (. . .) Bis zur Siegfriedstellung war jedes Dorf ein Trümmerhaufen, jeder Baum gefällt, jede Straße unterminiert, jeder Brunnen verseucht (. . .) (usw. usw.) kurz, wir verwandelten das Land, das den vordringenden Gegner erwartete, in eine Wüstenei." (St, 136)
> „Unter den Überraschungen, die für unsere Nachfolger vorbereitet wurden, waren einige von erfinderischer Bösartigkeit." (Es folgt die liebevolle Beschreibung von Zeitbomben, Säurebomben usw.) (St, 136 f.)

Der Zuschauer und Zuhörer dieser „Orgie der Vernichtung" nimmt, obwohl nicht selbst beteiligt, mit offensichtlichem Vergnügen an den Vernichtungsaktionen teil. Die „Taktik der verbrannten Erde" war schon vor dem I. Weltkrieg durch die Haager Landkriegsordnung geächtet, stellte also ein völkerrechtliches Verbrechen dar. Jünger feiert sie hier als Äußerungen einer urwüchsigen Landknechtsmentalität.

In allen ‚Kriegstagebüchern' wird von Jünger der Kampf Mann-gegen-Mann, das hautnahe Ringen um feindliche oder eigene Gräben, als höchste Form kriegerischer Auseinandersetzung gerühmt; im „Kampf als inneres Erlebnis" sind dieser „edelsten Form des

Duells" hymnische Passagen gewidmet. Im „Stahlgewitter"-Kapitel „Die Doppelschlacht von Cambrai" attestiert der nacherlebende Erzähler diesem wechselseitigen „Gemetzel" sowohl künstlerisch-ästhetische als auch sportliche Qualitäten:

> „Der Handgranatenwechsel erinnert an das Florettfechten; man muß dabei Sprünge machen wie beim Ballett. Er ist der tödlichste der Zweikämpfe, der nur dadurch, daß einer der beiden Gegner in die Luft fliegt, beendet wird." (St, 224)

Der Kampf der Titanen endet auch in diesem Falle so, wie es der soldatische Mann in seinen Wachträumen erlebt:

> „(Den Gegnern) (...) denen wir dicht auf den Fersen geblieben waren, wurde es in der Siegfriedstellung unheimlich. Sie suchten durch einen Verbindungsgraben zu entweichen (...) Wir sprangen auf die Postenstände und hatten dort einen Anblick, der uns ein wildes Jubelgeschrei entriß: Der Graben, durch den sie entkommen wollten, kehrte wie der geschwungene Flügel einer Leier gegen den unseren zurück (...) Nun gerieten sie in einen furchtbaren Engpaß; Handgranaten flogen wie Schneebälle durch die Luft, alles in milchweißen Qualm hüllend. Von unten reichte man uns immer neue Wurfgeschosse zu. Zwischen den zusammengeballten Engländern zuckten Blitze auf, Fetzen und Stahlhelme hochschleudernd. Wut- und Angstschreie mischten sich. Feuer vor den Augen, sprangen wir schreiend auf den Grabenrand." (St, 225)

Auch das ersehnte black-out darf an dieser Stelle nicht fehlen. Der Held wird „mitten in diesem Taumel" „durch einen furchtbaren Schlag zu Boden geworfen" (St, 225 f.); er entdeckt einen Streifschuß am Hinterkopf, wankt zurück und erfährt gleich darauf vom Tode seines Offizierskameraden — an derselben Stelle. („Die Nachricht schlug mich vollends zu Boden." St, 226) Einen Absatz weiter wird, wieder ernüchtert, der „notwendige Blutzoll" bilanziert:

> „Gleichzeitig verbluteten in diesem mörderischen Grabenstückchen sämtliche Unteroffiziere und ein Drittel meiner Kompanie (...)" (St, 226)[21]

Abgeschlossen wird der enthusiastische Bericht durch Sentenzen, die man als das Hohelied des Grabenkämpfers bezeichnen könnte; Jünger hat es in anderen Kriegsbüchern wiederholt (z. B. in KiE, 72 f.) und z. T. hymnisch variiert:

St 1925, S. 210 f.

„Auch das moderne Gefecht hat seine großen Augenblicke. Man hört so oft die irrige Ansicht, daß der Infanteriekampf zu einer uninteressanten Massenschlächterei herabgesunken ist. Im Gegenteil, heute mehr denn je entscheidet der einzelne. Das weiß jeder, der sie in ihrem Reich gesehen hat, die Fürsten des Grabens mit den harten, entschlossenen Gesichtern, tollkühn, so sehnig, geschmeidig vor- und zurückspringend, mit scharfen, blutdürstigen Augen, Helden, die kein Bericht nennt. Der Grabenkampf ist der blutigste, wildeste, brutalste von allen, doch auch er hat seine Männer gehabt, Männer, die ihrer Stunde gewachsen waren, unbekannte, verwegene Kämpfer. Unter allen nervenerregenden Momenten des Krieges ist keiner so stark, wie die Begegnung zweier Stoßtruppführer zwischen den engen Lehmwänden des Grabens. Da gibt es kein Zurück und kein Erbarmen. Blut klingt aus dem schrillen Erkennungsschrei, der sich wie Alpdruck von der Brust ringt."

St 1978, S. 226

„Unter allen erregenden Momenten des Krieges ist keiner so stark wie die Begegnung zweier Stoßtruppführer zwischen den engen Lehmwänden der Kampfstellung. Da gibt es kein Zurück und kein Erbarmen. Das weiß jeder, der sie in ihrem Reich gesehen hat, die Fürsten des Grabens mit den harten, entschlossenen Gesichtern, tollkühn, geschmeidig vor und zurück springend, mit scharfen, blutdürstigen Augen, Männer, die ihrer Stunde gewachsen waren und die kein Bericht nennt."

Die Kriegsverherrlichung, die als deutliche, allgemein unbestrittene Gesamttendenz Jüngers Frühwerk durchzieht, enthält als *ein* wichtiges Moment die Apotheose des Grabenkämpfers. Ein zweites, nicht minder wichtiges Element dieser Kriegsepen findet sich in dem rauschhaften Nachvollzug des „Großangriffs", des „Stürmens", „Vernichtens", „Durchbrechens", das der Held zusammen mit großen Truppenmassen erlebt. Hier kann sich der „gestählte" und mit „vulkanischen“ Energien aufgeladene Panzer-Körper des Soldaten wie auch der Ganzheitsmaschine „Truppe“ in seine Teile auflösen, kann sich entladen und ergießen über die Gräben und Körper des Gegners. In den „Stahlgewittern“ ist diesen Ereignissen, die den emotionalen Spannungsgipfel des Buches enthalten, das längste Kapitel („Die Große Schlacht“) gewidmet. (Diesen Stoff hat Jünger in „Feuer und Blut“ auf das Zehnfache gestreckt.)

Die Vorbereitung für den „Großangriff“ bildet das Erlebnis des Trommelfeuers der deutschen Artillerie. Es wird vom Erzähler als die Szenerie des jüngsten Gerichts gefeiert.:

> „Der Endkampf, der letzte Anlauf schien gekommen. Hier wurde das Schicksal von Völkern zum Austrag gebracht, es ging um die Zukunft der Welt.“ (St, 241)

Den erlösenden Moment des „Antretens“ und das anschließende Fragmentieren des Körper- und Truppenpanzers, das Lockern der angedrillten Körperkontrollen und das Befreien der Körperflüsse registriert der Krieger/Erzähler als abseits stehender Beobachter („Inmitten der Massen, die sich erhoben hatten, war es zugleich einsam; die Verbände waren nun vermischt. Ich hatte die Meinen aus dem Blick verloren; sie hatten sich wie eine Welle in der Brandung aufgelöst.“ St, 242). Zwischen Selbstbeobachtungen sind mythologische Deutungen eingestreut, die das für den (Nach-)Erlebenden unfaßbare Geschehen in Bilder zu bannen versuchen („Der Zorn zog wie ein Gewitter auf“; „der ungeheure Vernichtungswille, der über der Walstatt lag“; St, 242).

Dem wie im Traum weiterwankenden Helden begegnet bald „der erste Feind“, ein am Boden kniender Verwundeter. Auch hier registriert ein „eisklares Hirn“ den Blutrausch, der durch einen Zufall *nicht* mit dem „blutigen Brei“, dem Niederschießen des Wehrlosen, endet:

> „Ich sah sie (die am Boden kauernde Gestalt, J.V.) (...) mich mit weit geöffneten Augen anstarren, während ich, das Gesicht hinter der Pistole verborgen, mich langsam und bösartig näherte. Ein blutiger Auftritt ohne Zeugen bereitete sich vor. Es war eine Erlösung, den Feind endlich greifbar zu sehen.“ (St, 243)

Nur ein Wahrnehmungsschock hindert den Helden am Durchziehen des Abzugs; „mit einem Klagelaut“ greift „der vor Angst Gelähmte“ in die Tasche und hält dem Angreifer ein Bild seiner zahlreichen Familie entgegen; auf diesen wirkt es wie „eine Beschwörung aus einer versunkenen, unglaublich fernen Welt" (St, 243).

Der Berichterstatter *erlebt* hier nichts im eigentlichen Sinne, sondern er *registriert* sich als einen Fremden, ganz Unbegreiflichen, in kurzen, blitzartig aufgehellten Erinnerungssplittern (flashbacks). Ansonsten bleibt der Handlungsablauf, eigenes Tun und Denken, in diesen Zuständen völlig dunkel:

> „Kius teilt mir später Einzelheiten mit, die ich mit dem Gefühl vernahm, das man empfindet, wenn man einen Dritten von tollen Streichen berichten hört, die man im Rausch begangen hat. So hatte er einen Engländer mit Handgranaten (...) gejagt (...) (und die Verfolgung dann „mit harten Erdklumpen" fortgesetzt), während ich oben auf Deckung stand und mir vor Lachen die Seiten hielt." (St, 244 f.)

Der Held erreicht mit einigen wenigen einen — durch eingebaute MG-Stände befestigten — Bahndamm, „der ununterbrochen wie eine große Maschine Feuer schleuderte" (St, 245). An dieser Stelle, bemerkt der Erzähler, setzt „die Erinnerung", d. h. die Wahrnehmung der realen Umgebung, wieder ein:

> „Ich sah, wie aus einem tiefen Traum erwachend, daß sich die deutschen Stahlhelme durch das Trichterfeld näherten. Sie wuchsen wie eine eiserne Saat aus dem mit Feuer gepflügten Boden hervor." (St, 245)

Immer wieder stößt der Held auf einzelne Gegner; bei den (stets siegreich beendeten) Zweikämpfen prägen sich auch Details in seiner Erinnerung ein:

> „(...) stieß ich mit einem englischen Offizier in offener Jacke und heraushägender Halsbinde zusammen; ich packte ihn und schleuderte ihn gegen einen Sandsackwall. Hinter mir tauchte der weißhaarige Kopf eines Majors auf, der mir zuschrie: ‚Schlag den Hund tot!'
> Das war unnötig. Ich wandte mich dem unteren Graben zu, der von Engländern wimmelte (...) Ich drückte wie im Traum meine Pistole ab, obwohl ich längst keine Kugel mehr im Lauf hatte." (St, 246)

Die aus ihren Stellungen geworfenen Engländer fliehen „über das freie Feld". Das ist für die Angreifer das Signal zum Massenschlachten. Für den soldatischen Mann gibt es in solchen Augenblicken keine Hemmungen mehr, den ganzen Spuk dieses bösartigen Gewimmels wegzublasen oder in Brei zu verwandeln:

„Von der Dammkrone raste ein tolles Verfolgungsfeuer los. Die Fliehenden überschlugen sich im Laufen, und in einigen Sekunden war der Boden mit Gefallenen bedeckt. (...) Neben mir stand ein Unteroffizier und starrte mit offenem Munde in das Gefecht. Ich nahm sein Gewehr und schoß auf einen Engländer, der mit zwei Deutschen im Handgemenge war." (St, 246)

Zwei weitere Episoden dieses unausgesetzten Stürmens und Niedermetzelns sollen das Bild von der psychischen Konstitution des „rasenden" Angreifers und der zwanghaft vollzogenen Wahrnehmungsidentität „blutiger Brei" vervollständigen.

Bei einem weiteren Angriffszug gelingt der überraschende Einbruch in einen feindlichen Graben, dessen Besatzung noch einige Zeit „erbitterten Widerstand" geleistet hatte:

„Aus allen Trichtern erhoben sich nun gewehrschwingende Gestalten und rannten mit furchtbarem Hurra die feindliche Stellung an, aus der die Verteidiger in großer Zahl hervorkamen. (St 1922—1937 fahren hier fort: „Pardon wurde nicht gegeben.") Sie eilten mit hochgereckten Armen nach hinten, um der Wut der ersten Sturmwelle zu entrinnen, vor allem der einer Ordonnanz von Gipkens, die wie ein Berserker wütete. (St 1924—1937: „Eine Ordonnanz von Gipkens streckte mit seiner zweiunddreißigschüssigen Repetierpistole wohl ein Dutzend von ihnen auf den Sand.") (St, 249)

Jünger hat, was sich über die verschiedenen Bearbeitungsstufen bestätigen läßt, allem Anschein nach bewußt darauf verzichtet, die Berichte dieser barbarischen (völkerrechtlich geächteten) Morde zu streichen. In „Feuer und Blut" werden sie noch wesentlich breiter ausgemalt. Blutorgien dieser Art sind offensichtlich unverzichtbare Handlungsstücke im Reaktionsmuster des soldatischen Mannes: Ohne die „erlösenden" Schüsse wäre auch alles vorausgehende Stürmen und Rasen sinnlos für ihn. In der „soldatischen", frühen faschistischen Literatur hat man nirgends ein Hehl aus den Morden an Wehrlosen gemacht.[22] Man hat für die Bluttaten, vor allem in den Berichten über den „Weißen Terror", meist nur sehr vage, kaum reflektierende Rechtfertigungen und Erklärungen angeführt („für Deutschland", „für die Einheit des Reiches", „für das höhere strategische Ziel"; „wir hatten keine Wahl, sonst hätten es die ‚Roten' noch viel schlimmer mit uns getrieben"). Der individuelle, verantwortliche Totschlag wird meist geleugnet; die anonymen, gemeinschaftlich vollzogenen Blutorgien werden gefeiert und heroisiert.[23]

Jünger fühlt sich an der eben zitierten Stelle bemüßigt, eine „psychologische" Erklärung, die gleichzeitig eine „übermoralische" Rechtfertigung liefert, anzuschließen:

„Hier sah ich, daß ein Verteidiger, der dem Angreifer bis auf fünf Schritt seine Geschosse durch den Leib jagt, auf Gnade nicht rechnen kann. Der Kämpfer, dem während des Anlaufs ein blutiger Schleier vor den Augen wallte, will nicht gefangennehmen; er will töten." (St, 249 f.); die Fassung von 1924 fährt an dieser Stelle fort:
„Er (der Kämpfer, J.V.) hat jedes Ziel aus den Augen verloren und steht im Banne gewaltiger Urtriebe. Erst, wenn Blut geflossen ist, weichen die Nebel aus seinem Hirn; er sieht sich um wie aus schwerem Traum erwachend. Erst dann ist er wieder moderner Soldat, imstande, eine neue taktische Aufgabe zu lösen." (St 1925, 235)

Die zweite, ähnlich aufgebaute Episode stammt aus demselben Kapitel:

„Aus der Dämmerung flatterte mit dem Winde ein dünnes, vielstimmiges Hurra. Das zündete. ‚Sie sind umgangen, sie sind umgangen!' In einem jener Augenblicke der Begeisterung, die großen Taten vorangehen, griffen alle zu den Gewehren (...) Nun gab es kein Halten mehr (...) (Wir) hatten im Nu die Straße erreicht, die von verstörten Hochländern wimmelte." (St, 259)

An dieser Stelle nehmen die jüngeren Fassungen starke Eingriffe vor; die synoptische Gegenüberstellung einer frühen und der letzten Fassung gestattet hier Einblicke in den Motivationshintergrund der verschiedenen Bearbeitungsstufen:

St, 1925, S. 246

„Ein langes dichtes Drahtverhau verhinderte ihr Entweichen nach hinten, so daß sie unter tosendem Hurragebrüll, das ihnen wie die Stimme des jüngsten Gerichts in den Ohren gellen mußte, und unter rasendem

St, 1978, S. 259 f.

„Sie wichen dem furchtbaren Anprall, doch stießen sie im Fliehen auf ihren eigenen Drahtverhau. Sie stutzten, dann hetzten sie an ihm entlang. Unter tosendem Hurra mußten sie in dichtem Feuer den Todeslauf

Schnellfeuer in einer Entfernung von 50 Metern wie eingelapptes Hochwild an uns vorbeilaufen mußten. Rasch aufgebaute Maschinengewehre machten das Gemetzel vernichtend."

antreten. In diesem Augenblick kam auch der kleine Schulz mit seinen Maschinengewehren an. Die Straße bot ein apokalyptisches Bild. Der Tod hielt reiche Ernte. Der weithin hallende Kriegsruf, das dichte Feuer der Handwaffen, die dumpfe Wucht der Wurfgeschosse beflügelten die Angreifer und lähmten die Verteidiger. Während des langen Tages hatte der Kampf wie ein Brand geschwelt; nun endlich bekam er Luft (...) die Vision der am Drahtverhau entlangstürzenden Hochländer löschte alle Einzelheiten aus. Wir warfen uns am oberen Rande der Böschung nieder und feuerten. Es war einer der seltenen Augenblicke, in denen man den Gegner ganz in die Enge getrieben hat und den glühenden Wunsch fühlt, sich zu vervielfältigen."

5. *Auswertung: Selbstdeutungen und psychoanalytische Hintergründe*

Reflexionen, Erklärungen oder gar Rechtfertigungen des soldatischen Mannes in bezug auf sein blutiges Tun finden sich selten. Immer apodiktisch, mit „gestrafftem" (= erigiertem) Selbstbewußtsein präsentiert er sich selbst und die endlose Kette seiner Destruktionsakte. (Geschichte kann man das weder unter subjektivem noch unter objektivem Gesichtswinkel nennen.) Sein gegenüber allen Skrupeln gepanzertes Ich würde es nicht nur als unwürdig, sondern auch als unsinnig empfinden, sein Handeln erklären oder gar rechtfertigen zu müssen. (Jünger hat sich immer viel darauf zugute getan, „keine Zeile seines Werkes“ bereut oder gar „zurückgenommen“ zu haben; genauso unzumutbar findet er nachträgliche Erklärungen: „Wer sich selbst kommentiert, geht unter sein Niveau“ ist eines seiner oft zitierten Bonmots. Daß es in seiner realen Biographie und seiner Werkgeschichte ganz anders aussieht, wurde oben schon gezeigt.)

In den „Stahlgewittern“ finden sich dennoch an einigen Stellen Betrachtungen — die nicht als „Erklärungen“, sondern eher als Visionen von den Triebkräften/Hintergründen der rasenden Destruktionstriebe verstanden werden sollen. Einigemale ist von dem „blutigen Schleier“ die Rede, der „dem Kämpfer vor den Augen wallt“; an anderer Stelle begegnet der Topos „wie aus einem tiefen Traum erwachend“, der z. T. erst in den späteren Bearbeitungsstufen eingefügt wird. Immer wird diese Trieb-Gewalt nacherlebt als elementare, unbegreifliche Macht. Das, was den soldatischen Mann überkommt, Besitz von ihm ergreift, erscheint dem Erzähler und Essayisten als das „Urbarbarische“, das „tief im Blut gelegen hat“ und im ‚heroischen Augenblick‘ befreit worden ist. Das „überkochende“, „unbezähmbare Blut“ soll es sein, das die Natur des „wahren Kämpfers“ bestimmt und keiner psychologischen oder sonstigen Rechtfertigung bedarf. Im „Kampf als inneres Erlebnis“ (Kapitel-Essay: „Blut“) wird dieses „verzehrende“ Blut als das eigentlich Menschliche definiert und gefeiert:

> „Im Kampf (...) steigt das Tier als geheimnisvolles Ungeheuer vom Grund der Seele auf. Da schießt es hoch als verzehrende Flamme, als unwiderstehlicher Taumel, der die Massen berauscht, eine Gottheit, über den Heeren thronend. Wo alles Denken und alle Tat sich auf eine Formel zurückführt, müssen auch die Gefühle zurückschmelzen und sich anpassen der fürchterlichen Einfachheit des Zieles, der Vernichtung des Gegners. Das wird bleiben, solange es Menschen gibt.“ (KiE, 15 f.)

In KiE 1922, 7 f., lautet der letzte Satz:

> „Das wird bleiben, solange Menschen Krieg führen, und Kriege werden geführt, solange noch das tierische Erbteil im Blute kreist.“

Die Krieger und Kriegspropagandisten sehen sich hier, wie Theweleit bemerkt, „lieber im Gefolge jahrtausendealter Traditionen und Vererbungen, denn als Opfer einer nahen, greifbaren Geschichte — ihrer Geschichte“[25].

In anderen essayistischen Schriften, die die Bestimmung und die Konstitution des „Kriegers“ auf mannigfache Weise mythologisieren, holt Jünger weit aus, um Blutorgien und Blutopfer als „anthropologisch“ begründete Rituale zu deuten; dabei werden Menschenopfer der alten Mayas und Inkas ebenso wie Blutrituale der Babylonier und Ägypter zu Zeugen/Ahnen dieser Traditionen des Blutrausches gemacht:

> „Die Sucht, zu zerstören, ist tief im menschlichen Leben verwurzelt; alles Schwache fällt ihr zum Opfer. Was hatten die Peruaner den Spaniern getan? Wer Ohren dafür hat, dem singen die Urwaldkronen, die heute über den Ruinen ihrer Sonnentempeln federn, die Antwort. Es ist das Lied vom Leben, das sich selbst verschlingt. Leben heißt töten.“ (KiE, 41 f.; Kap. „Pazifismus“)[26]

Die Vererbungen des „Urbarbarischen“ reichen laut Jünger von der Jagdleidenschaft des Steinzeit-/Höhlenmenschen über die „Berserkerstürme“ der Völkerwanderungszeit bis schließlich hin zum Wüten der Landsknechtshorden.[27]

Was das „Niederknallen“ Wehrloser, den moralischen Aspekt dieses Tuns, angeht, so läßt sich bei einem Vergleich mit der frühen faschistischen Literatur der zwanziger Jahre leicht feststellen, daß Mordtaten dieser Art *das* Kavaliersdelikt der Zwischenkriegszeit sind[28]; kaum einer der „soldatischen Autoren“, der sich nicht solcher „Heldentaten“ im Stile einer Kasinoprahlerei gerühmt hätte. —

Höherer Wertschätzung als das „Niederknallen“ erfreut sich allerdings der körperliche Einsatz des Raubtiers Mensch bei nächtlichen Streifzügen. Beim Körperkontakt wird der „metallische Griff“ des Angreifers zum Biß:

> „Sie (die Wollust des Blutes, J.V.) ballt alles Streben um *einen* Wunsch: sich auf den Gegner stürzen, ihn packen, wie es das Blut verlangt, ohne Waffe, im Taumel, mit wildem Griff der Faust. So ist es von je gewesen.“ (KiE, 17)

Aber die fast zwanghaft gesuchte körperliche Nähe zum Bedrohlichen, das man in Dunkelheit, Schlamm und Grabengewirr zu finden und zu erwürgen trachtet, hat für den psychischen Haushalt des soldatischen Mannes auch eine Überlebensfunktion. In den nächtlichen Jagden arbeiten die Erhaltungsmechanismen gegen die Ohnmacht des zerfallenden Ich. Diese „Patrouillen“ finden immer dann statt, wenn der Grabendienst „langweilig zu werden beginnt", wenn die Kampftätigkeit „zum Erliegen kommt" oder die Disziplin der Truppe nachläßt. Sowohl als Einzelnen wie auch als Teilchen der Ganzheitsmaschine „Truppe" bedroht/bedrückt den soldatischen Mann nichts so sehr wie „Langeweile" und nachlassende „Manneszucht — als Zeichen des bevorstehenden Zerfalls:

> „Mit dem Alleinsein hat das soldatische Ich schwer zu kämpfen. Sobald es nicht mehr von seiner äußeren Organisation gestützt wird, droht es zu zerfallen."[29]

Insbesondere der nicht mehr kampfbereite, nachdenklich werdende Untergebene „bedroht" den Führer bzw. die große Vernichtungsmaschine, als deren Motor er sich versteht. Deshalb sucht er die Mannschaften für seine Patrouillen persönlich aus; er bewertet es (erzählend) als „Triumpf der preußischen Disziplin", wenn seine Begleiter bei selbstmörderischen Befehlen nicht nur perfekt „funktionieren", sondern — als „rassisch" Gleichartige, als Verwandte im „Blut" — auch selbst zu berserkerhaften Kampfmaschinen werden.[30]

Die Tötungsaktionen sind, um es noch einmal zu betonen, keineswegs ein gleichwertiges Element in der Kette soldatischer Bewährungen, sondern das Zentrum, auf das alles in und um den „Kämpfer" zusteuert:

> „(...) wie eine fast vergessene Erinnerung blitzt es blendend auf: Dort ist ja der Feind, dort sitzt ja der Mensch, und gleich werden wir bei ihm sein! Diese Erkenntnis erfüllt uns mit einer wilden, rasenden Lust, es ist, als ob alles, was sich reißend gespannt und gespeichert hat, plötzlich einen Ausweg sähe, und sich in purpurfarbige und scharlachrote Abgründe stürzte wie ein tosender Wasserfall." (FBl, 492)

Der Text der 2. Fassung (von 1926) fährt an dieser Stelle fort:

> „Schnell, nur schnell, jetzt muß getötet werden! Jetzt gibt es nur eine Erlösung, eine Erfüllung und ein Glück: das fließende Blut. Gleich wird man zupacken können, und man empfindet eine dämonische Vorfreude in dem Bewußtsein, daß man als der Stärkere, der Unwiderstehliche auftreten wird. Wartet nur, gleich sind wir da!" (FBl 1929, 139)

Theweleit wertet diese Passage folgendermaßen aus:

> „In dem Menschen, den Jünger am Ziel des Angriffs erwartet, vereinigt sich gewiß mehreres; für soviel Versäumtes und Ver-

sagtes muß er herhalten, soviel nur in dieser Situation Mögliches entlädt sich an ihm, daß er nicht in einer einzigen Figur aufgehen kann: nicht im anderen Mann, mit dem die Vereinigung gesucht wird, nicht im Quäler, den die Rache trifft, nicht im Gleichen, mit dem um die Vorherrschaft über die Mutter Erde gekämpft wird. Er ist ein Objekt, in dem sich alles vereinigt, wahrscheinlich alles Gewünschte ebensosehr wie alles Verhaßte: ‚dort sitzt ja der Mensch', der *Mensch*, der mit den Gefühlen, aus Haaren, Fleisch und Knochen, der molekulare Störenfried, der endlich weg muß, der alte Mensch. Wenn man in ihn eingedrungen ist, ist man eingetreten ins Leben . . ."[31]

Über das, was der soldatische Mann als seinen „Wesenskern", seine zentrale Triebkraft empfindet, sagt Theweleit an anderer Stelle:

„Blut — die Verkörperung des Wunsches nach Ausbruch, nach Leben. Was dem soldatischen Manne fließen darf, fließt im Blut. In der gesamten faschistischen Literatur ist Blut das Synonym für das richtige Fühlen. Blut ersetzt quasi den gesamten psychischen Apparat (. . .) Jünger läßt keinen Zweifel: das fließende Blut des in den Kampf marschierenden Mannes ist die höchste Kategorie überhaupt (. . .)"[32]

Im „Kampf als inneres Erlebnis" hat Jünger gleich das erste Kapitel dem Generalthema „Blut" gewidmet:

„(Auf den Gefilden der blutigen Entscheidungen) kann alles Grausige, alle Häufung raffiniertester Schrecken nicht so den Menschen mit Grauen durchtränken wie die sekundenlange Erscheinung seines Ebenbildes, das vor ihm auftaucht, alle Feuer der Vorzeit im verzerrten Gesicht (. . .) wenn zwei Menschen im Taumel des Kampfes aufeinanderprallen, so treffen sich zwei Wesen, von denen nur eins bestehen kann. (. . .) In diesem Kampfe muß der Schwächere am Boden bleiben, während der Sieger, die Waffe fester in der Faust, über den Erschlagenen hinwegtritt, tiefer ins Leben, tiefer in den Kampf. So ist der Aufschrei, den solcher Anprall mit dem des Feindes vermischt (. . .) ein Schrei, im Flusse der Kultur längst vergessen, ein Schrei aus Erkennen, Grauen und Blutdurst (. . .) So seltsam es manchem klingen mag, der nie um Da-Sein gerungen: Der Anblick des Gegners bringt neben letztem Grauen auch Erlösung von schwerem, unerträglichem Druck.

Das ist die Wollust des Blutes, die über dem Kriege hängt wie ein rotes Sturmsegel über schwarzer Galeere, an grenzenlosem Schwunge nur der Liebe verwandt." (KiE, 16 f.)

Zwei Strukturzüge des soldatischen Mannes werden an dieser selbstdeutenden Passage sichtbar. Erstens: Den berührenden, umarmenden, vermischenden Kontakt mit dem „Ebenbilde", der einzigen sozialen Objektbeziehung, die sich der soldatische Mann als erfüllte vorstellen kann, — diesen Kontakt vollzieht der Kämpfer nur in der gegenseitigen tödlichen Durchdringung. Der Partner, der einzige, der für die vernichtende „Paarung" akzeptiert wird, muß sein wie der Krieger selbst: gepanzert, unerbittlich, blutdürstig. Zweitens: Kampf ist für den soldatischen Mann die eigentliche Form von „Leben", die Hoch-Zeit des Lebens, das mit dem Initiationsritus der Feuertaufe beginnt („O Männerherzen, die das empfinden können!", KiE, 19)[33], das seine männlichen Bewährungen im „Einsatz" an und vor der Front sucht und das seinen rauschhaften Höhepunkt findet im „blutigen Fest" (St, 291) eines Massenangriffs. Diese Höhepunkte im Höhepunkt werden von Jünger, oft kaum durch Bildsymbole verhüllt, in ihren erotischen bzw. sexuellen Erlebnisqualitäten beschrieben. „Der Kampf ist eine Lebensform wie die Liebe, aber lassen sich nicht beide veredeln?" (KiE 1922, 48), fragt der Essayist hier noch vergleichend.[34] Deutlicher schon, wenn auch in der Darstellung assoziativ verfremdet, wird auf die „Front" als große Liebesmaschine hingewiesen, wenn Jünger beim Schäferstündchen eines Kriegers „die kleine Fensterscheibe im Hammertakt der nahen Front erbeben" läßt, während „zwei Lippen des Mannes Ohr streiften" (KiE, 39). Hier ziert sich die Schilderung in berührungsfreier Erotik, dort läßt sie die Front „im Hammerakt" dröhnen.

Sehr viel deutlicher wird Jünger in den oben zitierten Texten der „Stahlgewitter", in denen der Erzähler den Tötungsrausch des Angreifers orgiastisch nachvollzieht: das „kochende" Blut, der „blutige Schleier vor den Augen", das Befreien der peinlich kontrollierten Körperöffnungen: „entstürzten (mir) bittere Tränen" — das alles beschreibt und beschwört diese Akte als den Orgasmus des soldatischen Mannes; in ritueller und rauschhafter Form (Jünger: „die Ekstase", KiE, 54)[35] vollziehen sie, im Besitze der (All)Macht, was gesellschaftlich verboten ist:

„Doch wenn wir aufeinanderprallen im Gewölk von Feuer und Qualm, dann werden wir eins, dann sind wir zwei Teile von einer Kraft, zu *einem* Körper verschmolzen." (KiE, 97)

Den Aggressionsakt, der tendenziell immer ein vermischender Vernichtungsakt ist, erlebt der soldatische Mann als *seine* Form der Produktion von „Leben“, seines eigenen, weiteren, und jedes neuen Lebens:

> „Ich sah, wie aus einem tiefen Traum erwachend, daß sich die deutschen Stahlhelme durch das Trichterfeld näherten (d. h. dort, wo soeben alle Verteidiger niedergemacht worden sind, J.V.). Sie wuchsen wie eine eiserne Saat aus dem mit Feuer gepflügten Boden empor.“ (St, 245)

Um im Bilde zu bleiben: der mit dem Feuer der eigenen Artillerie „gepflügte“ Mutter-Boden ist vorbereitet für den Begattungsakt; die im Angriffsrausch vorstürmenden, alles niedermachenden Soldaten hat dieser Boden in seinen Trichtern aufgenommen; nun wächst die neue, eiserne Saat als Sproß aus dem blutbefruchteten Boden empor — der ewige Kreislauf von Vernichtung und Zeugung ist geschlossen. Theweleit diagnostiziert diesen Zug als zentralen Bestandteil in der psychischen Konstitution des faschistischen Mannes:

> „Der Faschismus (...) zeugt durch Vernichtung. Sie ist seine Zeugung und als Zeugung *gemeint.* Jüngers Soldaten zeichnet aus, daß sie auf kriegerische Weise zu zeugen verstehen. Sie zeugen *sich* durch die Zerstörung anderer, die Zerstörung der Dinge, der fremden Objektwelt, durch ihre Selbstverwandlung in Tötungsmaschinen und ihre Teile.“[36]

6. *Kriegertum — Führerkult — Herrenrasse*

Zu den zentralen Gestaltungsmomenten der „Kriegstagebücher“ gehört neben der Technik und Ideologie des „blutigen Handwerks“ der Themenkomplex „Führer — Untergebene“. In den „Stahlgewittern“ ist nun in diesem Punkte so etwas wie eine Entwicklung beobachtbar — was sich für die meisten anderen Aspekte der Erzählhandlung kaum nachweisen läßt. Der junge Kriegsfreiwillige agiert in den ersten drei Kapiteln noch weitgehend als Einzelgänger, als Haudegen und Draufgänger, ehe er im weiteren Verlauf der Erzählhandlung allmählich die selbstbewußte Gewißheit erlangt, zum Führer schlechthin geboren zu sein. Seine Perspektive erhebt sich allerdings fast nie über die ihm unterstellte Einheit, und selbst innerhalb dieser Grenzen bleibt die Betrachtungsweise eigenartig privat: der Berichterstatter schreibt und erzählt, selbst wenn er nicht „ich" sagt, immer nur von der eigenen Person. *Er* verkörpert „das Ganze", *er* repräsentiert die Ganzheitsmaschine der strikt hierarchisch organisierten Truppe, und zwar so, als sei er allein Zentrum, Motor und Kopf dieser Maschine, und als seien alle Soldaten unter seinem Befehl nur funktionierende, jederzeit austauschbare Bestandteile.

Führer und Untergebene

Wenn sich in den „Stahlgewittern" Soldaten über ihre Vorgesetzten äußern, dann im Ton tiefer Bewunderung, ja kindlicher Verehrung. Kein Wunder — der Held präsentiert sich im Chaos als Ordnungsfaktor, im Strom zurückflutender Truppen als Bollwerk. Der ideale Führer, den die Ichfigur repräsentiert, beherrscht drei Verhaltensweisen, um die geschliffenen Einzelteile (die rangniederen Soldaten) in die von *einem* Willen, nämlich dem des Führers, gestählte und getriebene Ganzheitsmaschine zusammenzufügen:
Die erste Arbeit des Führers ist der Drill, der den Rekruten in einen neuen Menschen verwandeln soll; denn, so heißt es an einer Stelle der 2. und 3. Fassung (1922 u. 1924), die später gestrichen wurde:

> „Ein Mann, dessen innerer Wert nicht über jeden Zweifel erhaben ist, muß bis zum Stumpfsinn gehorchen lernen, damit seine Triebe auch in den schrecklichsten Momenten durch den geistigen Zwang des Führers gezügelt werden können." (St 1925, 268)

Diesen Drill kontrolliert vor allem in kritischen Situationen der bewährte „preußische Anpfiff", der den „inneren Schweinehund" der Leute genauso vertreibt wie den eigenen. Denn der Führer nimmt es für sich selbst als unerträglich, ja existenzbedrohend wahr, wenn auch nur „einer aus der Reihe tanzt", d. h. wenn die sorgsam abgedichtete Ganzheitsmaschine auch nur an einer Stelle durchlässig zu werden und damit zu zerfallen beginnt.

Eine andere Form der Kontrolle und „Aufladung" der — bereits „einsatzfähigen" — Kriegsmaschine Truppe ist eher ritueller Natur: es ist die Rede des Führers an seine Soldaten. Bei dieser Frontalbegegnung geht es weniger um das Vorzeigen einer „vorbildlichen" Haltung und Gesinnung als vielmehr darum, die Untergebenen mit dem Fluidum des „Angriffsgeistes“ zu durchdringen. Es gibt dafür zwar nur wenige Belege in den „Stahlgewittern“, aber der eine, bereits zitierte, demonstriert deutlich genug das Wesen einer solchen „Führerrede“ vor der großen Tat.[37] Das dritte Reaktions-/Verhaltensmuster ist die Anwendung blanker Gewalt, wenn der „preußische Anpfiff“, das Charisma des Frontoffiziers oder die Befehlshierarchie dem „Willen“ der Autorität nicht Geltung verschaffen können. Der Führer hält den Verängstigten, Entnervten „die Mündungen der Gewehre“ vor, von denen sie dann „magnetisch angezogen“ (St, 177) werden; in einem Falle hält er einem Unwilligen persönlich „die Pistole unter die Nase“ (St, 204). Wenn man mit Theweleit davon ausgeht, daß die Schußwaffe (im „Bewußtsein“, im Körpergefühl) ein integrierter, funktionaler Teil des Panzer-Körpers dieser soldatischen Männer ist[38], dann wird klar, welche Bedeutung diese Szene für die Phantasie des nacherlebenden Erzählers hat: Der Pistolen-Penis oder der Gewehr-Phallus ist das äußere, imponierende und zugleich aggressive Zeichen „ragender“ Macht. Dieser Körperteil besitzt magische („magnetische“) Kräfte, er ist Herrschaftssymbol und Zauberstab in einem. Was man mit ihm anrührt, verwandelt sich in die ersehnte Wahrnehmung: er läßt Menschen „spurlos verschwinden“ (die häufigste Wendung in den „Stahlgewittern“), verwandelt fliehendes Gewimmel in Brei oder fegt es weg; vor allem aber: es kann „auf zauberhafte Weise“ (eine andere beliebte Formel Jüngers) die zerfließenden Einzelteile eines Truppenkörpers wieder in ein monolithisches Ganzes verwandeln, in die hierarchische Ganzheitsgestalt der Vernichtungsmaschine.[39]

Unter den Führernaturen, die Jünger als das „Rückgrat“ der Armee bezeichnet und denen er mit den „Stahlgewittern“ ein Denkmal setzen wollte, lassen sich zwei Kasten oder, mit Jünger gesprochen, zwei ‚Rassen‘ deutlich unterscheiden:

1. die durch Geburt (Adel) und Tradition („Kultur“) hervorgehobene ‚Rasse‘ des Offizierskorps’ und der Generalität;
2. die „neue Rasse“ der Krieger, die durch „Stahlgewitter“ und „Fronterlebnis“ geadelt worden ist, und als deren Vertreter und Prophet sich Jünger in den zwanziger Jahren immer mehr hervortut.[40]

Für beide Kategorien von Führernaturen finden sich in den „Stahlgewittern“ emphatische Ovationen. Bei der Gruppe der „Traditionsführer“ überwiegt allerdings deutlich das „Übervater“-Image; diese „großen Männer“ sind die ruhenden Pole in der Schlacht, sie geben Direktiven von „weltgeschichtlicher Bedeutung“, sie empfangen die verwundeten Helden(-Söhne) zu letzter Ehrung und Segnung. Sie umgibt eine Aura des Unnahbaren, sie bilden eine turmhohe Hierarchie von (jenseitigen) Vätern, an deren Spitze Ludendorff und schließlich „Seine Majestät der Kaiser" stehen. Dennoch ist das Charisma, das die beiden Gattungen von Führern verbreiten, grundsätzlich zu unterscheiden:

Die vom Adel dominierte Militärhierarchie verströmt gewissermaßen den Atem der höchsten Macht, sie gewährt den unteren Führern (z. B. der Ichfigur) die mystische Anteilnahme an dieser Sphäre, sie vermittelt die Teilhabe am Glanz der Höhen; sie läßt den soldatischen Mann zu einem Teil jenes „Phallus der Höhen" werden, als den er die Befehlspyramide phantasiert.[41]

Anläßlich der Verabschiedung seines Regimentskommandeurs („meines verehrten Oberst von Oppen") bringt ihm der Erzähler — noch einmal — eine tiefe Ovation (Wegen der starken Eingriffe des Bearbeiters wähle ich wieder die synoptische Gegenüberstellung):

St 1925, 215	St 1978, 231
„(. . .) unser von allen verehrter Oberst von Oppen (. . .) Das Scheiden dieser hervorragenden, während der langen Jahre des Krieges fest mit seiner Truppe verwachsenen Führers war dem ganzen Regiment ein schmerzlicher Verlust. Neben einer warmen Teilnahme am Geschick seiner Untergebenen besaß er die bei im eintönigen Friedensdienst alt gewordenen Offizieren nicht häufige Eigenschaft, sich den gewaltigen Neuerungen des Krieges mit Leichtigkeit anpassen zu können. Ein solcher Mann kann im Kriege Unermeßliches leisten."	„Oberst von Oppen war ein lebendiges Beispiel dafür, daß es Menschen gibt, die zum Befehlen geboren sind. (Die Fassung von 1934 ergänzt hier: „Er war ein Vertreter der führenden Rasse." St 1937, 245.) Stets umgab ihn eine Sphäre der Ordnung und Zuversicht."

Von diesen Führer-Vätern geht ein bestimmter Geist aus, der sich wie ein Fluidum über den Körper des Heeres ergießt; es erscheint im Hinblick auf die Formulierungen Jüngers nicht als abwegig, vom ‚heiligen Geist'[42] der preußischen Militärmonarchie zu sprechen:

> „Danach hielt ihr Kommandeur eine Ansprache, aus der jedem klar wurde, daß der Sturm in den nächsten Tagen losbrechen würde." (St, 232)

Die Fassungen von 1924 bis 1935 fahren fort:

> „Der eherne Geist des Angriffs, der Geist der preußischen Infanterie, schwebte über den Massen, die sich hier (...) beim Frühlingserwachen zur Kampfprobe versammelt hatten." (St 1925, 216)

Im „Wäldchen 125" (dem dritten Kriegsbuch Jüngers) erscheint dieses Phänomen, fünf Jahre später, als ein Arbeitsfeld der modernen Kriegspsychologie:

> „Mit diesen Kraftfeldern, die unsichtbar, aber höchst wirkungsvoll an der Masse vorübergleiten und sie wie einen Haufen von Eisenfeilspänen zu wechselnden magnetischen Gebilden ordnen (...) sich zu beschäftigen, ist eine wichtige Aufgabe der modernen Psychologie." (W125 1930, 165)

Anläßlich seines größten Stoßtruppunternehmens berichtet der Kriegsheld von einer Episode, die dokumentieren soll, daß sein Charisma weit über seine Kompanie hinausreicht; die Auswahl der Teilnehmer — „auf Bataillonsebene" — nimmt der Held persönlich vor:

> „Als ich Freiwillige aufrief, traten zu meiner Überraschung — es war immerhin bereits Ende 1917 — aus allen Kompanien des Bataillons fast drei Viertel der Mannschaft vor (...) Einige Überzählige weinten fast, als sie zurückgewiesen wurden." (St, 194)

Wenn der „Geist des Angriffs" über den Massen schwebt, dann kann sich auch einmal, nach der Versprengung und Dezimierung („durch den Tod gesiebt") sämtlicher Einheiten und Verbände, eine neue Ganzheitsgestalt „stahlharter Gestalten" von selbst zusammenfügen. Am Abend des ersten Tages der „Großen Schlacht" betrachet der Berichterstatter bewundernd die Posten:

> „Auf den Postenständen beobachteten Leute aller Kompanien mit jungen, scharfgeschnittenen Gesichtern unterm Stahlhelm die feindlichen Stellungen. Ich sah sie aus der Dämmerung des Grabens unbeweglich ragen, wie auf Gefechtstürmen. Ihre Führer waren gefallen; sie standen aus eigenem Antrieb am rechten Ort." (St, 260)

Die Fassung von 1934 kommentiert:

> „Auf vorgeschobenem Posten wie auf diesem und im Feierabendgefühl nach einem blutigen Tage war der kriegerische Geist der großen Rasse vielleicht am reinsten zu spüren." (St 1937, 277)

Theweleit deutet dieses Phänomen, daß sich die — sonst strikt hierarchisch gegliederte und als monolithisch kontrollierte — Ganzheitsgestalt der Truppe in Teile zersprengen und doch wie *eine* „Stahlgestalt" funktionieren kann, folgendermaßen:

> „Im Kampf selbst löst sich die Formation auf. Die Makromaschine zerlegt sich in ihre Einzelteile. Jetzt können die durch den Drill von außen funktionalisierten Teile des ganzen soldatischen Leibs zeigen, daß sie im Prinzip funktionieren wie die ganze Maschine selbst. Jede Einzelteilganzheit ist ihr Abbild im Kleinen (...)"[43]

Was die zweite Kategorie von Führernaturen angeht, so wird auch dem flüchtigen Leser der „Stahlgewitter" auffallen, daß ihre erzählerische Entwicklung und enthusiastische Propagierung eines der wichtigsten, wenn nicht das zentrale Thema des Buches ist. Allerdings hat sie diese Größenordnung erst im Verlaufe des Tagebuchberichts, z. T. erst während der verschiedenen Stufen der „Literarisierung" bekommen. Denn die nächsten Veröffentlichungen, „Der Kampf als inneres Erlebnis", „Das Wäldchen 125" und „Feuer und Blut", nehmen sich implizit oder explizit immer intensiver dieses Themas an.[44] Es handelt von jener „Rasse", der sich Jünger zugehörig fühlt und als deren „edelsten" Vertreter er seinen Kriegshelden präsentiert. Erst am Ende des ersten Drittels, im Kapitel „Der Auftakt zur Somme-Schlacht", wird die „neue Saat" dieser Kämpfer, aus Tod geboren, zum Töten bestimmt, zum ersten Male als visionäre Erscheinung beschrieben:

> „Mit besonderer Stärke prägt sich meiner Erinnerung das Bild der aufgerissenen und noch dampfenden Stellung ein, wie ich sie kurz nach dem Angriff durchschritt (...) Hier und dort waren die Postenstände mit Gefallenen bedeckt, und zwischen ihnen, gleichsam aus ihren Körpern hervorgewachsen, stand die neue Ablösung am Gewehr. Der Anblick dieser Gruppen rief eine seltsame Erstarrung hevor — als erlöschte für einen Augenblick der Unterschied von Leben und Tod." (St, 92 f.)

Es ist für den Tagebuchschreiber selbstverständlich, daß sich diese neue Rasse — oder der Kern dieser Rasse — vor allem im Offizierskorps findet:

St 1925, 128

„Das hat mir vor allem den Offizierstisch wert gemacht. Hier, wo die geistigen Träger und Vorkämpfer der Front zusammenkamen, konzentrierte sich der Wille zum Siege und wurde Form in den Zügen wetterharter Gesichter. Hier war ein Element lebendig, das die Wüstheit des Krieges unterstrich und doch vergeistigte, das man bei den Leuten, mit denen man zusammen in den Trichtern lag, so selten fand, die sportsmäßige Freude an der Gefahr, der ritterliche Drang zum Bestehen eines Kampfes."

St 1978, 149

„In diesen Männern („alte Krieger", J.V.) war ein Element lebendig, das die Wüstheit des Krieges unterstrich und doch vergeistigte, die sachliche Freude an der Gefahr, der ritterliche Drang zum Bestehen eines Kampfes. Im Laufe von vier Jahren schmolz das Feuer ein immer reineres, immer kühneres Kriegertum heraus."

Diese Elemente also soll die neue Rasse in sich vereinen: die „Hochkultur des Kampfes", rücksichtsloses Draufgängertum und eine „wetterharte" Gestalt als gepanzerte, hochaufgeladene Kampfmaschine. Diese neue Rasse hat übernatürliche Instinkte, die sie in der Materialschlacht entwickelt hat (z. B. einen „sechsten Sinn" dafür, genau *die* Stellen zu finden, wo die Granaten gerade *nicht* einschlagen).[45] Dieses „Kriegertum" wird im Verlaufe eines langen Materialkrieges „immer reiner" herausgeschmolzen, und als Schmelztiegel kann, neben dem Trommelfeuer, ebensogut der eigene innere Vulkan verstanden werden, der den alten Menschen „zu Schlacke zerglüht" (eine beliebte Formel Jüngers) und nichts übrigläßt als den ragenden, „reinen" Kern der neuen „Stahlgestalt".

Aber nicht nur die Männer des Offizierskorps' läßt der Erzähler aufsteigen in die neue Rasse, schon gar nicht in summa die Vertreter der alten Militärkaste (mit denen der Reichswehroffizier Jünger bald nach dem Kriege immer heftiger aneinandergeriet). Zu Stahlgestalten formen sich/werden geformt auch einzelne, ausgewählte Unteroffiziere und „einfache" Soldaten, vorzüglich aus der Einheit des Helden:

> „Während des uns umbrausenden Orkans ging ich den Abschnitt meines Zuges ab. Die Männer hatten die Bajonette aufgepflanzt. Sie standen in steinerner Unbeweglichkeit, das Gewehr in der Hand (...) beim Scheine einer Leuchtkugel, sah ich Stahlhelm an Stahlhelm, Klinge an Klinge blinken und wurde von einem Gefühl der Unverletzbarkeit erfüllt. Wir konnten zermalmt, aber nicht besiegt werden." (St, 107)

Das Hohelied des Grabenkämpfers, des Sturmpioniers, des „europäischen Vertreters" der neuen Rasse, findet sich in einer — bereits oben zitierten — Passage: Diese „Fürsten des Grabens mit den harten, entschlossenen Gesichtern" (St, 226) zeichnet vor allem ein unstillbarer Blutdurst aus.

Im „Kampf als inneres Erlebnis" hat Jünger die Philosophie des neuen Kriegertums ausgebaut und mit den Mitteln expressionistischer Bildsymbolik gefeiert; dort wird der Mythos der „neuen Rasse" als kosmische Vision propagiert. Da scheut er sich nicht, „die großen Würger" (asiatische Despoten und ihre plündernden, sengenden Horden) „sympathischer" zu finden als die derzeitige „Masse":

> „Töten war ihnen (den Würgern, J.V.) Moral, wie den Christen Nächstenliebe (...) Man kann Genuß an ihnen finden wie an bunten Raubtieren (...)" (KiE, 55)

Ein expressionistischer Hymnus auf den „neuen Menschen" findet sich in demselben Buch im Kapitel-Essay „Feuer". Jünger verwendet hier z. T. stoffliche Versatzstücke aus den „Stahlgewittern" (Formulierungen aus dem Kapitel „Regniéville") und läßt, in die Betrachtung seiner schwerbewaffneten Leute versunken, seinen Zukunftsvisionen freien Lauf:

> „Es sind die Stahlgestalten, deren Adlerblick geradeaus über schwirrende Propeller die Wolken durchforscht, die, in das Motorengewirr der Tanks gezwängt, die Höllenfahrt durch brüllende Trichterfelder wagen, die tagelang, sicheren Tod voraus, in umzingelten, leichenumhäuften Nestern halbverschmachtet hinter glühenden Maschinengewehren hocken. Sie sind die Besten des modernen Schlachtfeldes, von rücksichtslosem Kämpfertum durchflutet, deren starkes Wollen sich in geballtem, zielbewußtem Energiestoß entlädt.
> Wenn ich beobachte, wie sie geräuschlos Gassen in den Drahtverhau schneiden, Sturmstufen graben, Leuchtuhren vergleichen, nach den Gestirnen die Nordrichtung bestimmen, dann

überkommt mich die Erkenntnis: Das ist der neue Mensch, der Sturmpionier, die Auslese Mitteleuropas. Eine ganz neue Rasse, klug, stark und Willens voll. Was hier im Kampfe als Erscheinung sich offenbart, wird morgen die Achse sein, um die das Leben schneller und schneller schwirrt." (KiE, 72 f.)

Wir schließen uns bei der Auswertung dieser Passage Theweleit an, der genau dieses von Jünger propagierte und als Zukunftsvision beschworene Menschenbild aus der Konstitution des soldatischen Mannes deutet:

„Diesen Typ (der „Überwinder", der „Stahlnaturen"; J.V.) imaginierte Jünger so, als ob er keine Triebe, keine Psyche mehr hätte, nicht mehr nötig hätte, da alle Triebkräfte sich glatt und reibungslos in Funktionen des stählernen Leibs verwandelt haben — und genau darauf, scheint mir, will Jünger hinaus: auf die Utopie der Körpermaschine (...)
Der ‚neue Mensch', gezeugt aus dem vom Drill organisierten Kampf des alten Menschen gegen sich selbst, ist lediglich der Maschine verpflichtet, die ihn geboren hat. Er ist eine wirkliche Zeugung der Drillmaschine, gezeugt ohne Zuhilfenahme der Frau, ohne Eltern (...)
Die notwendigste Arbeit der Stahlnaturen: alles zu verfolgen, einzudämmen, zu unterwerfen, was sie zurückverwandeln könnte in das schrecklich desorganisierte Gewimmel aus Fleisch, Haaren, Haut, Knochen, Därmen, Gefühlen, das Mensch heißt, alter Mensch."[46]

Theweleit faßt seine Auswertung folgendermaßen zusammen:

„Der neue Mensch ist ein Mensch, dessen Physis mechanisiert, dessen Psyche eliminiert ist; zu einem Teil ist sie in den Körperpanzer eingegangen, in seine ‚raubtierhafte' Geschmeidigkeit (...)
Ich glaube, wir haben den Wunschmenschen konservativer Utopie vor uns: den Menschen mit maschinisierter Peripherie und bedeutungslos gewordenem Innern (...)
Der Ursprung der konservativen Utopie (...) liegt in der Notwendigkeit, das eigene Menschliche, das Es, die Produktionskraft des Unbewußten in sich zu beherrschen, von sich abzustoßen. Auf die (...) Eindämmung und Chaotisierung seiner Wunschproduktion, seines Unbewußten antwortet der soldatische Mann damit, daß er sich als Stahlgestalt phantasiert: neue Rasse."[47]

Jünger erweitert diesen rassischen Mythos in den „Stahlgewittern“ um eine eigene, höchst persönliche Note: den Nimbus der Unsterblichkeit. Mit diesem Nimbus wird nicht nur kokettiert; Jünger kultviert ihn bewußt/unbewußt als eine Bestimmung derer, die das „Erbe des Krieges“ (und des Kriegers) weitergeben müssen an kommende Generationen. Ein Prophet kann nicht (vorzeitig) sterben, und in den „Tagebüchern“ wird mehr als einmal auf die Verbindung zu den Götter-Generälen, den höchsten Vätern, angespielt, die ihre segnende Hand schützend über den Helden halten.

Die entfesselten Elemente greifen — oft genug — nach seinem Leben; an mehreren Stellen wird der Held, wie es z. B. auf S. 177 heißt, „im Blitze eines furchtbaren Schlages zu Boden geworfen. Zum Erstaunen der Leute raffte ich mich unverletzt wieder auf.“

Unzählige Geschosse registriert der Krieger/Erzähler, welche die Soldaten links, rechts, hinter dem Helden niederstrecken, die ihn selbst aber nur berühren, streifen, oder von Koppel, Hosenträger, Portmonnaie usw. abgefangen bzw. gedämpft werden. Mitten im Trommelfeuer schlägt einmal eine Granate unmittelbar neben seinem Fuß ein: „Gerade diese Granate ging blind!“ (St, 110). Ein andermal, auf dem Wege vor einer Straßenkreuzung, wechselt der bereits leicht verwundete Held einige Worte mit einem anderen Führer — in diesem Augenblick krepiert eine Granate, die ihn beim Weitergehen wahrscheinlich zerrissen hätte, mitten auf dieser Kreuzung. Der „Chronist“ notiert dazu: „Derartiges sieht man nicht als Zufall an.“ (St, 123)

Auch gegen Schluß des Buches, als sich der schwerverwundete Held zurückschleppt, um seinem Brigadekommandeur noch persönlich „Meldung zu machen“, erlebt er eine Art Wiederauferstehung:

> „Der General erzählte mir, daß ich bei den Gefechsständen schon seit gestern totgesagt sei. Es war nicht das erstemal in diesem Kriege.“ (St, 264)[48]

Am Ende des Abschnitts „Vom Sinn des Krieges“ werden wir auf die selbstgedeuteten „Bestimmungen“ des Helden noch einmal eingehen.

7. *Feindbilder: Kavaliere — Erbfeinde — Untermenschen*

Bei der ersten Lektüre der „Stahlgewitter“ kann man den Eindruck erhalten, daß die Erscheinungen des „Feindes“, die Menschen, die getötet werden und von denen man getötet wird, durchweg sehr undifferenziert, d. h. nur als blasse Schemen gezeichnet sind. In der Tat sind die Stellen, an denen die Ichfigur dem „Feind“ von Angesicht zu Angesicht gegenübertritt, verhältnismäßig selten. Der Eindruck der Gleichgültigkeit gegenüber der Gestalt und dem Charakter der Figuren, an denen sich der kriegerische Held erprobt und bewährt, wird durch die Erzählung selbst in ausdrücklicher Reflexion bestätigt:

> „Ich war im Kriege immer bestrebt, den Gegner ohne Haß zu betrachten und ihn als Mann seinem Mute entsprechend zu schätzen. Ich bemühte mich, ihn im Kampfe aufzusuchen, um ihn zu töten, und erwartete auch von ihm nichts anderes. Niemals aber habe ich niedrig von ihm gedacht.“ (St, 64)

Ein Bekenntnis zum „fairen Kampf“, nach den Normen des Duells — so scheint es. Die Praxis, wie die Erzählung sie präsentiert, ist allerdings — wie wir sahen — eine ganz andere. Richtig bzw. ehrlich an dieser Äußerung erscheint uns indessen, daß die Person des Gegners, seine Nationalität oder soziale Herkunft, nur eine sehr untergeordnete Rolle spielen.[49] Die Ideologien und Rechtfertigungen des Krieges („Man spickte den Krieg mit Phrasen, um ihn schmackhaft zu machen“, KiE, 55) seien „dem wahren Krieger, dem Manne beschränkter, doch gradliniger Tat (...) bis in das Innerste zuwider“ (KiE, 55). Der aufgeheizte Nationalismus der Vorkriegszeit, der sogenannte „Völkerhaß“, stellt für den soldatischen Mann in der Tat ein ganz sekundäres, eher zufälliges Ideologem dar, dessen er, um sein kriegerisches „Rasen“ zu entfalten, von seiner Konstitution her überhaupt nicht bedarf. Daß er in Wirklichkeit ganz andere „Feinde“ mit seinem blinden, überschäumenden Vernichtungstrieb sucht, soll unten noch genauer gezeigt werden.

Die Erscheinungen des Feindes lassen sich typologisch in zwei Gruppen gliedern:

1. Der Feind in der Masse, das „Gewimmel“; der weit entfernte, anonyme Feind; der bösartige, umschleichende, umschlingende Angreifer; der unsichtbar lauernde, tierhafte Feind;
2. der Feind als individuelle Gestalt, als menschliches Gegenüber; der Feind als „Ebenbild“ des soldatischen Mannes.

Hierzu einige Szenenbeispiele aus dem Erzählmaterial:

> „Die Menge khakifarbener Gestalten[50], die den bisher so öden englischen Gräben entquoll, wirkte verblüffend wie ein Spuk am hellen Vormittag.“ (St, 63)

Diese Masse, die sich sonst nur nachts aus den feindlichen Gräben vortastet und anschleicht, taucht hier wie ein gelbbrauner Strom aus dem Nichts empor — eine tödliche Bedrohung für den soldatischen Mann, der sich selbst als die Verkörperung der „Front" versteht. Schlimmer noch: diese Masse vermischt sich hier mit der eigenen Truppe, kommuniziert friedlich mit ihr, statt sie zu bedrohen: „Das Gelände, dem bisher die Einsamkeit des Todes ihren Stempel aufgedrückt hatte, war wie ein Jahrmarkt belebt" (St, 62) — dies Gebaren produziert eine unkontrollierbare Auflösung der Ganzheitsmaschine „Truppe". —

Eine andere Szene „vor dem Feind": Eine ganze Nacht lang kämpft der Held mit einer kleinen Patrouille gegen einen Gegner, der aus Dunkelheit, Nebel, zerschossenem Wald immer wieder vordringt; der, nachdem man etliche Schüsse auf ihn abgegeben hat, „im Dunkel des Unterholzes" verschwindet, fremdartige, an das Quaken von Fröschen erinnernde Schreie ausstößt — dieses Gefecht gegen einen „unsichtbaren", „geschmeidigen" Gegner gleicht dem Kampf gegen ein Phantom. (Im Morgengrauen entpuppt sich der Angreifer als eine Einheit von Indern; s. St, 155—159.) Die Reaktion des Helden und seiner Männer beim lang erwarteten Auftauchen menschlicher Gestalten hat den Charakter einer Zwangshandlung:

> „Zitternde Hände lösten die Sicherungsflügel. Auf fünfzig Meter waren sie heran, auf dreißig, auf fünfzehn . . . Feuerrr! Minutenlang knatterten die Gewehre." (St, 158)

Noch auf die am Boden Liegenden wird weitergeschossen (lakonischer Kommentar des Berichterstatters: „Auf diese kurzen Entfernungen nimmt das Infanteriegeschoß Sprengwirkung an", St, 159), und so wird jene Wahrnehmungsidentität hergestellt, die Theweleit als „blutigen Brei" bezeichnet. Bei einem massenhaft auftretenden, vor allem bei einem in die Enge getriebenen Gegner, bei Unterlegenen, bei nicht Ernstgenommenen, ist dieses Sich-Ergießen ein immer wiederkehrendes Reaktionsmodell. Wenn der Körper des feindlichen Heeres zur formlosen „Masse" zu zerfließen beginnt, wenn er zurückweicht, wenn sogar seine Führer zu „laufen" beginnen, dann ist das für den soldatischen Mann das Signal zum vernichtenden Stoß (ob mit Schüssen, mit dem Kolben oder dem Seitengewehr):

> „Aber wenn man selbst voll Lust hinterm Maschinengewehr hockt, dann ist das Gewimmel da vorn nicht mehr als ein

> Mückentanz. Zum Dauerfeuer! Hei, wie das spritzt! Da kann gar nicht genug Blei aus der Mündung fliegen." (KiE, 48)

Wie begegnet demgegenüber die Ichfigur dem „Feind" als menschlichem Individuum? Hier differieren die Einstellungen/Handlungsdispositionen des Helden gegenüber den Vertretern verschiedener Nationen — obwohl doch der Nationalismus als Ideologie, wie wir oben feststellten, kaum eine motivationale Bedeutung für das kriegerische Gebaren des soldatischen Mannes hat.

Um mit den „Erbfeinden" zu beginnen: nirgends in den „Stahlgewittern" steht der Held einem Franzosen als Gegner in Person gegenüber. Französische Soldaten erscheinen nur als Überbleibsel von Gefechten, als Tote oder Verwundete, als Gefangene oder Verwesende im Blickfeld des „Chronisten". Lebendig bzw. unverletzt erlebt man sie nur als dienstbares Volk in eroberten Dörfern und Städten (meist als Mitbewohner, die dem Helden das Quartier stellen müssen).[51]

Mit diesen Franzosen hat die Ichfigur (und der Erzähler) keine Probleme; er pflegt kultivierte Gespräche mit den „besseren" Wirtsleuten, er läßt sich gut bedienen und hofieren, hilft ihnen sogar bei Schwierigkeiten mit den Behörden usw. Offensichtlich ist der Held in diesen „zivilen" Rollen, „hinter der Front", ein völlig anderer: der galante Offizier, der fließend französisch spricht, den Damen den Hof macht und die Kultur Frankreichs verehrt — was aber ist mit der „Front"?

Im Kap. „Regniéville", in dem ein aufwendiges, aber letztlich erfolgloses Stoßtruppunternehmen — unter Führung des Helden — geschildert wird, sieht sich der Autor am Schluß zu folgender Einschätzung der Nationalcharaktere seiner Feinde bemüßigt:

> „Noch immer gerate ich in eine beklommene Stimmung, wenn ich an unseren Irrweg durch die unbekannten, vom kalten Frühling erhellten Gräben zurückdenke. Es war wie in einem labyrinthischen Traum."

Nur die Fassungen von 1934 und 1935 haben an Stelle des — in den „Werken" neu eingefügten — letzten Satzes:

> „Sie (die Gräben, J.V.) waren von einer Urfeindschaft umwittert, wie man sie in den englischen Gräben nicht empfand, und an der mir der Unterschied, der zwischen dem Feind und dem Gegner besteht, sehr deutlich geworden ist."

Man trifft nicht den Sachverhalt, wenn man diese Äußerungen auf ein damals gängiges nationalistisches Klischee (Franzosen = *die* Erbfeinde!) zurückführt. Es gibt einige Anhaltspunkte für starke und tiefsitzende Ressentiments, die Jüngers Einstellung gegenüber der französischen Armee bestimmten, zum Beispiel das gescheiterte Abenteuer in der Fremdenlegion (wer die Bedingungen dort, 1913, kennt, den menschenverachtenden Einsatz in den Kolonien, der kann sich den verzweifelten Fluchtversuch des schwärmerischen, 18jährigen Gymnasiasten leicht erklären).[52]

Andererseits sind die französischen Philosophen und Schriftsteller vor allem des 19. Jahrhunderts für den Kulturmenschen Jünger Autoritäten, die er bewundert und aufgrund ihres kulturellen Führungsanspruchs zugleich mit Neid betrachtet. Darüber hinaus registriert der Erzähler der „Stahlgewitter" — halb mitgenießend, halb mit Unbehagen — das entspannte Lebensgefühl des „savoir vivre", des Leben-und-Leben-Lassens.

An der Front zeigt der „Erbfeind" jedoch Verhaltensweisen, die für den soldatischen Mann unerträglich sind, die ihn selbst bedrohen[53]: er stellt sich nicht zum Grabenduell, er „verschwindet spurlos" in Unterständen, Stollen und Löchern und läßt sogar seine Gewehre in den leeren Gräben stehen.[54] Selbst unsichtbar, schleudert er plötzlich Handgranaten[55]; fernes verworrenes Stimmengewirr zeigt an, daß er den Helden und seine Leute zu umschlingen sucht — der „Paarung", dem entscheidenden Stoß/Stich stellt er sich nicht.

Dagegen nun die Engländer, mit denen es der Held in der Mann-zu-Mann-Konfrontation ausschließlich zu tun hat! Diesen aufrechten Männern kann man immer wieder seine „sportsmännische Achtung" ausdrücken, sie sind zumeist Gentleman-Krieger und Haudegen in einer Person. In Ausnahmefällen können sie sogar Vorbildcharakter haben; einem schwerverwundeten Sergeanten, dem beide Beine fast abgerissen wurden und der gleich darauf im Graben stirbt, bescheinigt der Tagebuchschreiber:

> „Auch hier hatten wir wieder wie überall, wo wir Engländern begegneten, den erfreulichen Eindruck kühner Männlichkeit." (St, 134)

Noch höheres Lob bekommt der unbekannte Amokläufer eines Stoßtrupps („Unter diesen Eindringlingen muß ein toller Bursche gewesen sein"):

> „Er war unbemerkt in den Graben gesprungen und hinter den Postenständen entlang gerannt (...) Der Reihe nach sprang

> er von hinten auf die durch die Gasmaske in der Sicht behinderten Verteidiger zu und kehrte, nachdem er eine Anzahl von ihnen (insgesamt findet man „acht Posten mit zerschmettertem Hinterschädel“, J.V.) durch Keulen- oder Kolbenhiebe gefällt hatte, ebenso unbemerkt in die englische Linie zurück.“ (St, 91)

Aber auch unter den Engländern, ja sogar unter ihren Offizieren, schleicht sich am Schluß des Krieges die weibische, verweichlichte „Masse“ ein. Im Kapitel „Die Doppelschlacht bei Cambrai“ kämpft ein englischer Offizier „mit durchschossener Wade“ mit seiner Kompanie nicht bis zum letzten Mann, sondern ergibt sich, für den Helden ganz unverständlich, den Deutschen:

> „Ich fand einen jungen Mann von ungefähr sechsundzwanzig Jahren mit feingeschnittenem Gesicht (...) Als ich mich vorstellte, hob er seine Hand, von der eine goldene Kette blitzte (...) und übergab mir seine Pistole.“ (St, 220)

„Eine goldene Kette blitzte“, er „übergab mir seine Pistole“ — symbolisch: seinen Penis, seine Potenz als Mann. Höchst widersprüchlich reagiert das Empfinden des Helden auf diesen gutaussehenden, liebenswürdigen Mann: Faszination und Abscheu gegenüber dem „Weichling“ halten sich ungefähr die Waage.

Im „Kampf als inneres Erlebnis“ hat Jünger diese Szene noch einmal aufgenommen und völlig anders bewertet:

> „Doch die Hochkultur des Kampfes ist lange dahin, auch am Spiel über Leben und Tod darf sich die Masse beteiligen, und sie hat ihre Instinkte nicht zu Hause gelassen. Wie kam der englische Oberleutnant, den wir neulich gefangennahmen, dazu, mir seine Uhr und sein Zigarettenetui entgegenzustrekken? Er hatte sich geschlagen wie ein Gentleman und handelte wie ein Kuchenbäcker.“ (KiE, 62)

Auswertung: Familiale Kodierung von Feindbildern

Versuchen wir, die Befunde, für die sich mühelos weitere Belege finden ließen, auszuwerten und zu deuten im Hinblick auf ihren psychoanalytischen Hintergrund. Das massenhafte Gewimmel, das Umschleimende, polypenartig Wuchernde ist nach Theweleit zu verstehen als Kodierung für den Strom der Wünsche des Unbewußten: Lustströme, die von der Mutter ausgehen (als Folge der symbiotischen Zweikörper-Einheit mit der Mutter), Ströme, die das soldatische Ich ständig zu verschlingen drohen.[56] Im Kapitel-Essay „Der Graben“ heißt es:

> „War man doch auch hier im Schoße der Erde vom Grauen mit tausend Armen umstrickt“ (KiE, 32); in der Fassung von 1922: „(...) mit tausend Armen umschleimt.“ (KiE 1922, 27)

Das dem Bauch der (Mutter) Erde und seinen Öffnungen entkriechende Gewimmel, Sinnbild der ersehnten und zugleich angstbesetzten „weiblichen Lustseuche“, verfolgt den soldatischen Mann sein ganzes Leben, bedrängt ihn vor allem nachts, in der Isolation, im einsamen Graben. Dies Gewimmel droht seinen Panzer zu zerbrechen; es repräsentiert die andere Seite der Mutter, die Mutter als „Hure des Vaters“.[57] Ihr und ihren Geheimnissen wird er niemals entrinnen, weder durch den Tötungsrausch noch durch den (minder „befreienden“) Alkoholrausch:

> „(...) die zersetzenden Säfte der großen Mutter werden niemals alle. Daß sich auf dem Grunde des Delirium tremens dasselbe Gewimmel findet, wie in den Halluzinationen vom Unterleib der verschlingenden Frau — Ratten, Schlangen, Maulwürfe, Krebse — sollte gerade das ein Zufall sein?“[58]
> „Das Sich-Herausdifferenzieren aus dem ‚blutigen Brei‘ und das ‚Abschalten‘ des Gewimmels im ‚entleerten Platz‘ (in unserem Fall: auf dem ‚leergefegten‘ Schlachtfeld, J.V.) organisieren in jedem Fall das Überleben als direkten Kampf gegen die Weiblichkeit (...)[59]
> Im ‚entleerten Platz‘ liegt vor den Augen des soldatischen Mannes auch der gereinigte Leib der entlebendigten ‚weißen Frau‘: Die aufgeregte Masse des Fleisches der erotischen Frau und seine wimmelnden Bewohner sind verschwunden.“[60]

Was die individuellen Gegner angeht, so lassen sich im Hinblick auf „die Franzosen“ (zu verstehen als Vertreter einer Gattung) wegen der spärlichen und z. T. ambivalent erscheinenden Äußerungen des Erzählers nur vorsichtige Schlüsse ziehen. Er („der Franzmann“) ist der weit entfernte „Feind“, der unterirdisch Operierende, der Unsichtbare, Bösartige, der immer wieder „verschwindet“ und sich nicht zum heroischen „Endkampf“ stellt. Er muß mit deutscher Gradlinigkeit und Gründlichkeit verfolgt und „ausgerottet“ werden.

Dennoch macht man es sich in seinen Dörfern und Städten bequem, haust wie ein Haufen teutonischer Landsknechte[61], nimmt sich sein Land (ein Stück zunächst nur, aber der soldatische Mann mag keine „halben Sachen") und schließlich, als kostbares „Beutegut", seine Frauen; man erzieht und verwaltet seine Kinder[62] — das alles steht für einen Vorstellungskomplex, der zeigt, daß man dem „Erbfeinde" endlich das beanspruchte Erbe (Europa, das „Abendland") mit Gewalt zu entwinden hat. Unter Zuhilfenahme von Versatzstücken einer nationalistischen Ideologie wird hier dem „Franzmann" — in familialer Kodierung — die Rolle des Vaters zugewiesen: eines verweichlichten, alt und schwach gewordenen Vaters, der aber gleichwohl als grimmiger Türhüter vor dem Leib der Mutter (Erde) Wache hält. Die Auseinandersetzung mit ihm hat eher den Charakter von Racheakten als den eines „fairen Duells". Diesen schlechten Vaterdarsteller, den ungerechtfertigten Besitzer der Mutter, zu vernichten oder zum Verschwinden zu bringen, bedeutet, „die Rache am Vater als Beschmutzer/Verführer" der Mutter, als der „hohen Frau", der „weißen Gräfin", zu vollziehen.[63]

* * *

Bei den Feindbildern, die „der Tommy" — eine Bezeichnung, die der Autor allerdings nur in wörtlicher Rede verwendet — der Phantasie des Kriegers/Erzählers liefert, sind die Kodierungen verhältnismäßig einfach zu entschlüsseln; manchmal ist die (psychoanalytische) Rollenkonstellation sogar überdeutlich. Hier findet der Krieger das heißgesuchte „Ebenbild", in das er eindringen, mit dem er sich vermischen wird:

> „Familial: hinter diesem ‚Ebenbild', dem *gleichrangigen* Mann, mit dem gekämpft wird, scheint manchmal — besonders in einigen Texten Jüngers — der Bruder durch. Die ‚Brüder' kämpfen darum, wer die Nachfolge des Vaters als Herrscher über die Mutter (Erde) antritt (...) Im blackout des Eindringens würde die Rache an ihm vollzogen, ‚Gerichtstag gehalten', wie Jünger in Erwartung des Kampfes einmal schreibt."[64]

Im „Kampf als inneres Erlebnis" hat Jünger die Begegnung mit dem ‚Ebenbilde' in suggestiven Bildern beschworen und gefeiert. Immer wird sie auch mythologisch gedeutet, als Wiederkehr archetypischer Existenzformen („alle Feuer der Vorzeit im verzerrten Gesicht", KiE, 16), als befreiender Schock:

> „(...) wenn zwei Menschen im Taumel des Kampfes aufeinanderprallen, so treffen sich zwei Wesen, von denen nur eins bestehen kann. Denn diese zwei Wesen haben sich zueinander in ein Urverhältnis gesetzt, in den Kampf ums Dasein in

seiner nacktesten Form (...) So ist der Aufschrei, den solcher Anprall mit dem des Feindes vermischt, ein Schrei, der sich Herzen entringt, vor denen die Grenzen der Ewigkeit schimmern." (KiE, 16)

Worüber diese beiden Brüder streiten, das bedarf nach drei Jahrzehnten wilhelminisch-imperialistischer Propaganda keiner Erläuterung: Es ist die zu Unrecht durch den älteren Bruder (den „Tommy") beanspruchte und usurpierte Erbschaft des Abendlandes, die Herrschaft über die Welt — die eigentlich dem Nachgeborenen, Zuspätgekommenen, aber Tüchtigeren, Gesünderen (usw.), dem „Deutschen" also, zusteht.[65] Hier treffen sich einmal imperialistische Ideologie und familiale Kodierung von Ur-Konflikten in derselben Tendenz; das verdoppelt die Vehemenz des Aufeinanderpralls, des gegenseitigen Vernichtungswunsches. Aber was tut dieser ältere, doch eigentlich ebenbürtige Bruder? Er läßt Hilfstruppen, unmännliche, unmündige Kreaturen aus fernen Ländern kommen, um sie den ritterlich kämpfenden teutonischen Heroen „entgegenzuwerfen".[66] Schließlich läßt der Bruder es sogar zu, daß „die Masse" in das Heer einsickert („Kuchenbäcker") und die „Front" aufweicht. Dadurch vor allem hat er seinen Anspruch, der Ragendere, Härtere, Potentere zu sein, endgültig verwirkt.[67]

Eine abschließende Bemerkung zu dem gesuchten und mit Lust-Grauen erwarteten Zusammenprall mit dem „Ebenbild": Es handelt ich hier offenbar um *den* sexuellen Akt des soldatischen Mannes, den gesellschaftlich streng verpönten (und nur unter diesen Bedingungen erlaubten/geforderten) Kontakt mit dem männlichen Gegenüber:

> „Wenn die ‚Verkörperung des härtesten Willens zweier Völker' aufeinanderprallt, Mann und Mann sich bewaffnet gegenüberstehen, dann ist die Utopie, daß Liebhaber und Geliebter sich treffen, am nächsten und fernsten zugleich; sie treffen sich unterm Tötungsgebot, ‚Fließen' wird nur der Getötete."[68]

Sexualität als das *Weiblich*-Verströmende hat hier keinen Platz; nicht erfüllte Objektbeziehung, lustvolles Aufgehen im andern und Aufnehmen des andern ist das Ziel, sondern Vernichtung. Der „Paarungsvorgang" ist, von der Ökonomie des Unbewußten des soldatischen Mannes her, in erster Linie zu verstehen als „Erhaltungsvorgang":

> „Die Sexualtriebe sind in ihnen (den soldatischen Männern, J.V.) unter die Erhaltungstriebe subsumiert — der Verlust

des äußeren Objekts ist ihr Preis. Der Lustgewinn, den sie abwerfen, entspringt in der Tat dem Überleben."[69]

Der destruktive „Sexual-Akt" läßt sich dann als „Erhaltungsvorgang" erklären, wenn man das wirkliche Objekt der „Umarmung" erkennt:

„Das Objekt, das sie (die soldatischen Männer, J.V.) im Liebesrasen zu erobern suchen, befindet sich nämlich am eigenen Leib: der Muskelpanzer."[70]

Damit der blutige „Liebesakt" überhaupt zustande kommt, müssen bestimmte Vorbedingungen erfüllt sein:

„Die Selbstverschmelzung im black out als intensivste Lustwahrnehmung ist davon abhängig, daß ein ungefähr ebenbürtiger Gegner vorhanden ist, mit dem sich ereignen kann, was den Namen ‚ritterlicher Kampf' oder ähnlich verdient."[71]

Lassen wir dazu noch einmal die Texte von Jünger selbst sprechen; sie belegen diese Befunde oft eindringlicher als psychoanalytische Diagnosen durch das phantasiereiche Bildmaterial, mit denen der schreibende und nacherlebende Krieger Jünger die psychischen Gewalten beschwört und zu bannen sucht. Unter den vielen Beschreibungen, besser: sprachlichen Anverwandlungen dieses lust-/grauenvollen Aktes der Selbstverschmelzung, sind zwei aus dem „Kampf als inneres Erlebnis" besonders eindrucksvoll:

„(. . .) wenn unsere Sturmsignale herüberblinken, machen sie sich zum Ringkampf (. . .) bereit. Doch wenn wir aufeinanderprallen im Gewölk von Feuer und Qualm, dann werden wir eins, dann sind wir zwei Teile von einer Kraft, zu *einem* Körper verschmolzen." (KiE, 97)

Der zweite Textauszug gestaltet und beschwört das black-out in der Phantasie des nacherlebenden Erzähler-Essayisten:

„Das ist der Ring von Gefühlen, der Kampf, der in der Brust des Kämpfers tobt, wenn er die Flammenwüste der riesigen Schlachten durchirrt: Das Grauen, die Angst, die Ahnung der Vernichtung und das Lechzen, sich im Kampfe völlig zu entfesseln. Hat er, eine durch das Ungeheure rasende kleine Welt in sich, die bis zum Platzen gestaute Wildheit in jäher Explosion, dem klaren Gedächtnis für immer verlorenen Augenblicken entladen, ist Blut geflossen, sei es eigener Wunde entströmend oder der des andern, so sinken die Nebel vor seinen Augen. Er starrt um sich, ein Nachtwandler, aus drükkenden Träumen erwachend. Der ungeheuerliche Traum, den die Tierheit in ihm geträumt (...) verraucht und läßt ihn zurück, entsetzt, geblendet von dem Ungeahnten in der eigenen Brust, erschöpft durch riesenhafte Verschwendung von Willen und brutaler Kraft." (KiE, 17 f.)

8. *Der Sinn des Krieges — Von den menschlichen Betrachtungen zur weltgeschichtlichen Perspektive*

An einer früheren Stelle der Untersuchung war gesagt worden, daß es in den „Stahlgewittern" selten Stellungnahmen zum Sinn des Krieges gibt, die über den Horizont des Kompanieführers hinausgehen. Diese Aussage soll hier insofern präzisiert werden, als bei genauerer Analyse doch einige Ansätze zu „historischen Perspektiven" zu erkennen sind, Sentenzen, die z. T. den Anspruch visionärer Weltdeutung haben. Das erste Drittel des Buches, das (wie bereits bemerkt) insgesamt unbefangener, optimistischer vom Kriegsgeschehen berichtet, enthält eine Passage mit schwärmerisch-patriotischen Zügen; in einem Augenblick der „Rück-Besinnung" philosophiert der Held über den „Sinn des Ganzen". Nach seiner „Feuertaufe" und seiner ersten Verwundung fährt er im Lazarettzug nach Deutschland:

> „Vom Bett (des Zuges) aus erblickte ich im Fahren die Felder, von denen der Frühling Besitz ergriff (...) Beim Anblick der von blühenden Kirschbäumen bekränzten Neckarberge empfand ich ein starkes Heimatgefühl. Wie schön war doch das Land, wohl wert, dafür zu bluten und zu sterben. So hatte ich seinen Zauber noch niemals gespürt. Gute und ernste Gedanken kamen mir in den Sinn, und ich ahnte zum ersten Male, daß dieser Krieg mehr als ein großes Abenteuer bedeutete." (St, 39)[72]

Im Kapitel „Gegen Inder" findet sich folgende Stelle:

> „Der Krieg hatte dem Bilde dieser Landschaft (...) heroische und schwermütige Lichter aufgesetzt; der blühende Überfluß wirkte betäubender und strahlender als sonst.
> Es fällt leichter, inmitten einer solchen Natur in die Schlacht zu gehen als aus einem toten und kalten Winterland heraus. Hier drängt sich auch dem einfachen Gemüt die Ahnung auf, daß sein Leben tief eingebettet und daß sein Tod kein Ende ist." (St, 151 f.) Der letzte Halbsatz lautet in der Fassung von

1924: „(...) daß seine Existenz in einen ewigen Kreislauf geschaltet, und daß der Tod des einzelnen gar kein so bedeutungsvolles Ereignis ist." (St 1925, 131)

Natur- und lebensphilosophische Ideologeme ersetzen hier die patriotische Hurra-Stimmung der ersten Kapitel, so moderat und sparsam sie dort auch eingesetzt wird. Aber auch diese Deutungen verlieren sich in der zweiten Hälfte des Buches. Mehr und mehr setzt sich das „heroische Bewußtsein" durch, das ein unerbittliches Geschick in dem blutigen Geschehen walten läßt.

Das große Sterben, dem der „Chronist" im zweiten Teil immer häufiger begegnet und gegen das er zunehmend unempfindlicher wird, beschäftigt ihn als Problem meist nur in frühen, besinnlichen Augenblicken. Die Protokolle der eigenen Empfindungen beim Anblick Sterbender haben da z. T. den Charakter von Selbsttröstungen. Später kann der Erzähler als unbeteiligte optisch-akustische Apparatur, mit „eisklarer" Präzision, die letzten Minuten/Sekunden schwerverwundeter, zerrissener Soldaten aufzeichnen, ohne eine Spur von Gefühlsregungen zu zeigen.

Wer wie der Essayist Jünger über den Sinn des Krieges philosophiert, dürfte irgendwann einmal auf Fakten stoßen, die weder wegzuretuschieren noch zu verdrängen sind: viele hundert Menschen sterben allein im Blickfeld der Ichfigur, werden zu Krüppeln geschossen, versinken im Schlamm usw. Der Autor ignoriert das Schreckliche keineswegs; es liefert die notwendigen Bilder des Grauens, ohne die das heroische Gesamtgemälde flach und unglaubwürdig erschiene. Aber so schockierend die Sinneseindrücke auch sein mögen — sie können den Panzer des soldatischen Mannes nicht durchdringen, sie treffen auf keine Form des Leidens, das menschliche Verhaltensweisen hervorbringen könnte. Denn das Reaktionsmuster des soldatischen Mannes ist überall vom Nicht-Heranlassen und Nicht-Herauslassen bestimmt. So sehr sich auch der „eisklare" Blick in die Szenen des Blutes und der Vernichtung eingräbt — stets überspringt der Erzähler mit einer unvermittelten, fast saloppen Wendung die „Nachwirkungen" und berichtet wieder in sachlich-trockenem Stil vom Grabenalltag, oder noch lieber von heiteren Episoden: einem guten Essen, einem entspannten Schlaf auf blumiger Wiese, einem Kaffeestündchen beim Vorgesetzten oder einem Saufgelage mit den Kameraden. Es gibt in den „Stahlgewittern" keine Stelle, an der das Erlebnis des tausendfachen und offensichtlich sinnlosen Hinmetzelns eingeholt würde in Reflexionen über den Sinn des Krieges.

Nur selten wird auch persönliche Betroffenheit beim Tode eines guten Bekannten oder eines Vorgesetzten mitprotokolliert. Bei den rangniederen Soldaten bilanziert der Erzähler, wenn überhaupt, meist nur in Zahlen („über dreißig Verluste gehabt" o. ä.).

Der „notwendige Blutzoll" erscheint in einigen Bildern der „Stahlgewitter", mehr noch im „Kampf als inneres Erlebnis", als die „Schlacke", aus welcher der harte, strahlende Kern eines „immer reineren, immer kühneren Kriegertums herausgeschmolzen" wird (St, 149); an einer späten Stelle heißt es:

> „Für den eigentlichen Stoß konnte man nur noch auf wenige Leute rechnen, die sich indessen zu einem Schlag von besonderer Härte entwickelt hatten, während die Masse der Mitläufer höchstens als Feuerkraft in Frage kam." (St, 286)

In bestimmten Situationen müssen Galgenhumor und eine aufgesetzt wirkende Landsknechtsmentalität die Wahrnehmung des Massensterbens verdrängen:

> „Dieses Trankopfer nach glücklich bestandener Schlacht zählt zu den schönsten Erinnerungen alter Krieger.
> Und wenn zehn vom Dutzend gefallen waren, die letzten zwei trafen sich mit Sicherheit am ersten Ruheabend beim Becher, brachten den toten Kameraden ein stilles Glas und besprachen scherzend die gemeinsamen Erlebnisse." (St, 149)

Die Fassung von 1934 fährt fort:

> „Den überstandenen Gefahren ein Landsknechtslachen, den künftigen ein Schluck aus voller Flasche, ob Tod und Teufel dazu grinsten, wenn nur der Wein gut war. So war von je rechter Kriegsbrauch." (St 1937, 153)

Zum materiellen Preis des Krieges gibt es nur eine kurze, sarkastische Bemerkung, die die Nonchalance des Frontoffiziers und seine Verachtung gegenüber so kleinbürgerlichen Dingen wie Geldbesitz dokumentieren sollen:

> „Hier (im Lazarett Gera, während der Genesung, J.V.) zeichnete ich auch die dreitausend Mark, die ich damals besaß, als Kriegsanleihe, um sie niemals wiederzusehen. Als ich die Bogen in den Händen hielt, fiel mir das schöne Feuerwerk ein, das auf die verkehrte Leuchtkugel hin losgegangen war — ein Schauspiel, das gewiß nicht unter einer Million zu haben war." (St, 115)

An einigen wenigen Stellen findet man allerdings auch Spuren eines kritischen Bewußtseins. In den Berichten über den November 1916 heißt es noch, im ungebrochenen Vertrauen auf den deutschen Endsieg:

> „(Unter einigen Offizieren) entspann sich (...) ein langes Gespräch über das deutsche Friedensangebot (...) Böckelmann beendete es mit dem Satze, daß es jedem Soldaten während des Krieges verboten sein müsse, das Wort Frieden überhaupt nur auszusprechen." (St, 121)

Aber gegen Ende des Buches (und des Krieges), während endloser, zermürbender Verteidigungskämpfe mit wenig Aussicht auf heroische „Befreiungsakte", befällt den Helden doch ein Unbehagen, mit dem er nicht fertig wird:

> „In solchen Augenblicken beschlich mich eine Stimmung, die mir bislang fremd gewesen war. Eine tiefe Umschichtung, die aus der Dauer des gesteigerten Lebens am Abgrund folgte, kündigte sich an. Die Jahreszeiten lösten sich ab, es wurde Winter und wieder Sommer, und man lag immer im Kampf. Man war müde geworden und an das Gesicht des Krieges gewöhnt, aber gerade aus dieser Gewöhnung heraus sah man das Geschehen in einem gedämpften und andersartigen Licht (...) Auch spürte man, daß der Sinn, mit dem man ausgezogen war, sich verzehrt hatte und nicht mehr zureichte. Der Krieg warf seine tieferen Rätsel auf. Es war eine seltsame Zeit." (St, 270 f.)[73]

Nun wäre die Ichfigur als Heros wenig überzeugend, wenn sie nicht irgendwann im Kriegsgeschehen auch einmal mit Anwandlungen solcher „zersetzender" Empfindungen zu kämpfen hätte. Hier allerdings spiegelt die melancholische Weltbetrachtung die ersten kritischen Wahrnehmungen eines Ich, das den Sinn seines Daseins zu verlieren droht — das also die Ziel- und Fruchtlosigkeit seiner kriegerischen „Erhaltungsaktionen" zu spüren beginnt. Der Sinn, der nun verbraucht ist, wird vom Erzähler einmal rückblickend, mit wissend-herablassender Geste, so beschrieben:

> „Was haben wir denn früher vom Leben gewußt? Daß wir so recht nichts damit anfangen konnten, daß wir innerlich Unzufriedene waren, das war ja auch einer der Gründe, die uns den Krieg, dieses Neue und heroisch Bewegte, so faszinierend erscheinen ließen." (FBl 1929, 20)

Für die soldatischen Autoren der zwanziger Jahre läßt sich generell sagen, daß sie sich mit ihrer Zeit als identisch fühlten[74]; „der Geist der Zeit" — das ist die gebräuchlichste Chiffre für ihr eigenes, unbegriffenes Inneres, das „Schicksal Deutschlands", das sind sie selbst. Geht es mit ihnen bergab, dann ist auch „die Kultur" bedroht:

> „Treibt der Geist eines ganzen Volkes solcher Richtung (dem „Pazifismus", der Schwäche, J.V.) zu, so ist das ein Sturmzeichen des nahen Untergangs. Eine Kultur mag noch so ragend sein — erlischt der männliche Nerv, so ist sie ein Koloß auf tönernen Füßen." (KiE, 41)

Und so suchen die soldatischen Männer bei Kriegsende nach neuen Möglichkeiten, ihr Kultur-Ich aufzurichten zu neuen, ragenden Höhen: zum Beispiel wie Ernst Jünger als schreibender Krieger, als kriegerischer Schreiber. Als solcher kann er mit den „Stahlgewittern" eine Botschaft verkünden, die keinen Zweifel an der „Entelechie" des Helden läßt.[75] Sinndeutungen von „historischer Tragweite" verleiht er auch seinen Entscheidungen als Führer und einzelnen Operationen seiner Einheit; mit einem in den „Stahlgewittern" seltenen Sprachgestus setzt er sich die „militärgeschichtlichen" Denkmäler:

> „Wir (Offiziere, J.V.) wußten, daß es diesmal in eine Schlacht gehen sollte, wie sie die Welt (St 1934: „die Weltgeschichte") noch nicht gesehen hatte." (St, 98)
> „Meine verschiedenen Souvenirs und Ehrenzeichen, J. V.) (...) sind meine Erinnerungszeichen an die Doppelschlacht von Cambrai, die als ein erster Versuch, die tödliche Schwerkraft des Stellungskrieges durch neue Methoden zu überwinden, in die Geschichte eingehen wird." (St, 228)

Der Erzähler kommentiert eine Meldung in der französischen Heereszeitung folgendermaßen:

St 1925, 165	St 1978, 183
„Es war seltsam, zu empfinden, daß unser scheinbar wirres Tun in finsterer Nacht weltgeschichtliche Bedeutung erlangt hatte. Wir hatten ein gut Teil dazu beigetragen, die mit so gewaltigen Kräften begonnene feind-	„Es war seltsam, zu erfahren, daß unser scheinbar wirres Tun in finsterer Nacht offenkundig geworden war. Wir hatten unser Teil dazu beigetragen, den mit so mächtigen Kräften begonnenen Angriff zum Stillstand zu

liche Offensive zum Stillstand zu bringen.“

bringen. Wie gewaltig auch die Menschen- und Materialmengen waren, so wurde die Arbeit an den entscheidenden Punkten doch nur von wenigen Kämpfern vollbracht.“

„Der Endkampf, der letzte Anlauf schien gekommen“, heißt es an einer bereits zitierten Stelle in der Einleitung zur „Großen Schlacht“. Um das von ihm Erlebte zu „weltgeschichtlichen“ Dimensionen zu erhöhen, knüpft der Erzähler assoziativ an Bildern und Mythen seiner Zeit an; er stilisiert den Höhepunkt des Buches, „die Große Schlacht“, zu einer germanischen Götterdämmerung. Der „Chronist“ der „Stahlgewitter“ hat nicht das Problem, die wirkliche historische Bedeutung dieser deutschen Frühjahrsoffensive von 1918 reflektieren und eingestehen zu müssen: ihren kläglichen Ausgang und die Vergeudung der letzten physischen und materiellen Reserven. Die Handlung erspart dem Helden auch das Erlebnis der „schändlichen“ Niederlage: als doppelt verwundeter Kriegsheld verläßt er vorzeitig das Schlachtfeld.

Die Sinngebung des Authentizität beanspruchenden Buches ist vor allem geprägt durch das soldatische Selbstbewußtsein des jungen Nachkriegsautors, und diese zentrale Aussage hat sich — in abgeschwächter Form — über alle Bearbeitungsstufen erhalten: Es ist die Vollendung des Heldenepos der Ichfigur, die Apotheose unterm Götterhimmel des ewigen Krieges. Es ist die Beschwörung der Utopie des neuen Menschen (am „leuchtenden Vorbild“ des Helden), als Vertreter der neuen europäischen Rasse der „Stahlgestalten“.

Nur dazu dienen die zwar nüchtern, aber doch äußerst wirkungsvoll präsentierten Erwähnungen der zahlreichen Ehrungen und Orden. Davon sollen einige Proben zur Illustration zitiert werden:

> „Als ich die zweite Kompanie im Parademarsch vorführte, glaubte ich zu bemerken, daß Oberst von Oppen dem General über mich berichtete. Einige Stunden später wurde ich in das Stabsquartier befohlen, wo mir der General das Eiserne Kreuz Erster Klasse überreichte (. . .)
> ‚Sie pflegen öfters verwundet zu werden‘, begrüßte mich (. . .) der General, ‚ich habe daher an ein Pflaster für Sie gedacht‘.“ (St, 128)

Nach dem bereits erwähnten, vom Helden befehligten Stoßtruppunternehmen wird, ausnahmsweise, von einer kollektiven Ehrung berichtet:

„Am nächsten Tag besichtigte Oberst von Oppen die Patrouille noch einmal, verteilte eiserne Kreuze und gab jedem Teilnehmer vierzehn Tage Urlaub." (St, 200)

Nach einem langen Grabenkampf:

„Ich behelligte wegen meiner fünften Doppelverwundung nicht erst die Lazarette, sondern ließ sie während eines Weihnachtsurlaubs zuheilen (...) Während dieser Zeit wurde ich durch das Ritterkreuz des Hausordens von Hohenzollern überrascht (...)" (St, 228).

Das Kapitel „Englische Vorstöße" beschließt (in den Ausgaben bis 1957, in der Werkausgabe ersetzt) kommentarlos ein „Tagesbefehl" von Jüngers Division. Darin heißt es:

„Insbesondere verdient Leutnant Jünger, schon sechsmal verwundet und diesmal wie immer ein leuchtendes Vorbild für Offiziere und Mannschaften, erneute Anerkennung." (St 1925, 266)

Nach der letzten schweren Verwundung bilanziert der Held:

„(...) vertrieb ich mir einmal die Zeit, indem ich meine Verwundungen zusammenzählte (...) In diesem Kriege (...) hatte ich es immerhin erreicht, daß elf von diesen Geschossen auf mich persönlich gezielt waren. Ich heftete daher das Goldene Verwundetenabzeichen, das mir in diesen Tagen verliehen wurde, mit Recht an meine Brust." (St, 299)

Der Trumpf des Buches, zugleich der Abschluß und die Krönung der militärischen Karriere, wird wiederum sehr zurückhaltend präsentiert, allerdings in einem Kontext, der den Helden quasi in einem heiteren Jenseits zeigt: dort empfängt er, umgeben von weißen Frauen, die höchste aller Ehrungen aus der Hand des obersten Kriegsgottes. Jünger hat diese, an den Handlungsverlauf der „Stahlgewitter" willkürlich angehängte Abschrift der Ordensverleihung über alle Bearbeitungsstufen unangetastet gelassen[76]:

„(...) ich lag am nächsten Morgen mit vierzig Grad Fieber im Bett, ja die Kurve machte sogar einige bedenkliche Vorstöße gegen jene rote Linie, hinter der die Kunst der Ärzte versagt (...) ich lag, während die Schwestern für mich kämpften, in jenen Fieberträumen, die oft sehr heiter sind.

An einem dieser Tage (...) erhielt ich vom General von Busse folgendes Telegramm:
‚Seine Majestät der Kaiser hat Ihnen den Orden Pour le mérite verliehen. Ich beglückwünsche Sie im Namen der ganzen Division.' " (St, 300)

Der erzählerische Kontext der Ordensverleihung symbolisiert also (seit der Fassung von 1934) eine erlösende Situation des blackout; dessen Funktion ist hier die endgültige Katharsis. Nur so ist der Helden-Sohn offensichtlich „rein" genug, um als Krieger vergöttlicht zu werden, ein Imago, das Jünger bis heute pflegt.[77]

Im Kap. IV, 4 war bereits davon die Rede, daß der verwundete, das Schlachtfeld verlassende Held von den Gefechtsständen bzw. Stäben der übergeordneten Einheiten wie „magisch angezogen" wird. Es erscheint naheliegend, mit Theweleit hier eine psychoanalytische Erklärung zu Rate zu ziehen:

„Der Führer an ihrer Spitze (hier: zu einem Text v. Salomons über die Geschichte seines Freikorps, J.V.) ist *nicht* die Inkarnation der Macht, er ist die Inkarnation des *Wunsches* aller nach dieser Macht, die sie zum Überleben brauchen, die sie zu vergrößern und zu festigen trachten."[78]

Der tödlich erschöpfte Held sucht also nicht das Lazarett, sondern „wie im Traum" die eigentlichen, höchsten Väter auf, um, wenn möglich: blutüberströmt, persönlich die Meldung vom Gelingen seiner Waffentaten zu überbringen. Was militärisch betrachtet wertlos oder sinnlos erscheint, hat für den Helden und den Erzähler höchste Bedeutung.

Zu den letzten Passagen des Buches „Feuer und Blut" (das sich vom Geschehensablauf mit dem „Stahlgewitter"-Kapitel „Die Große Schlacht" deckt) bemerkt Theweleit:

„Jüngers (...) Buch (...) *Feuer und Blut* (...) enthüllt am Ende das Moment der Suche nach jemandem, der mit dem Bereich der höchsten Macht in Verbindung steht, als seinen roten Faden (...)"[79]

„Die Meldung des Schwerverletzten beim General, die verständnisvolle Aufnahme, das Lob des Generals, schließlich die erlösende Ohnmacht — das alles (...) rundet die Sensationen des direkten Kampfes mit dem ‚Feind' ab — ein Agent des höchsten Vaters aus dessen nächster Umgebung muß erst noch

‚Amen' sagen und betonen, daß *dieser* Sohn fehlerlos, der beste sei (...)
So ersehnen die in den Ganzheitsgebilden vereinigten folgsamen Söhne die Gestalt eines ‚Vaters', der ihnen ewige Ganzheit und die Verbindung mit der Macht garantiert, mit dem Prinzip des glänzenden, allmächtigen Phallus der Höhen."[80]

Fassen wir zusammen: Alle Schrecken des Krieges, Schlachtendonner und Stahlgewitter, die mit Visionen von einem klassischen Weltendrama inszeniert werden[81], erregen die Phantasie des Kriegers und Erzählers nur als Sinnbilder seines nach außen gekehrten „vulkanischen" Inneren, als Symbole seines Unbewußten, seines eruptiven Es. Vor diesen Kulissen, so gewaltig sie auch sein mögen, wird der Sinn von Weltenbrand und Götterdämmerung erkennbar als ein höchst persönlicher, intimer: in der Abgeschlossenheit seines Ich-Panzers oder als selbstsüchtiger, harter Kern von immer größeren Ganzheitsgebilden/Vernichtungsmaschinen agiert der soldatische Mann blind nach den Zwängen seiner Erhaltungsmechanismen:

„Mitten im Sterben der Menschenmassen, im Krieg der imperialistischen Mächte um koloniale Rohstoffquellen und Vorherrschaft auf den Weltmärkten, verhält er (der soldatische Mann, J.V.) sich völlig privat. Er, der ständig die ‚Nation', ‚das Ganze' zu verkörpern behauptet, tut das am vollkommensten als isoliertes selbstsüchtiges Einzelwesen auf der Suche nach den Strömen der Lust ... (...) Der Krieg ist eine Funktion ihres Leibs."[82]

Anmerkungen

I. Einführung

[1] Vgl. Gerda Liebchen: Ernst Jünger. Seine literarischen Arbeiten in den zwanziger Jahren. Eine Untersuchung zur gesellschaftlichen Funktion von Literatur, Bonn 1977; hier: S. 145 ff.; S. 148 ff.

[2] Siehe Liebchen, S. 19 ff.; S. 31 ff.

[3] Nur sporadisch werden in dieser Arbeit Meinungen zitiert, die zum eigenen Untersuchungsansatz Berührungspunkte aufweisen. Auch den zahlreichen Spekulationen über Jüngers philosophische Deutungen soll nicht eigens nachgegangen werden, da sie z. T. erst post festum, als Selbstdeutungen, in die verschiedenen Fassungen eingearbeitet wurden.

[4] Karl Heinz Bohrer: Die Ästhetik des Schreckens. Die pessimistische Romantik und Ernst Jüngers Frühwerk, München (Hanser) 1978. Daß Jünger mit neuen Formen der ästhetischen Wahrnehmung experimentiert, diese bewußt kultiviert und zu eigenständigen Stilfiguren entwickelt hat, ist unbestritten. K. H. Bohrer hat in seiner umfangreichen Untersuchung viele Schnittlinien europäischer Traditionen in Jüngers literarischer Empfindungs- und Darstellungsweise herausgearbeitet; er hat auf dem Felde der Motivik, der Topik, der erzählstrukturellen Operationen ein breites Vergleichsmaterial aus anderen Literaturen vorgelegt, das Jünger als Exponenten bestimmter geistesgeschichtlicher Entwicklungen zeigt. Aber die Kategorien des „Choks", der „Plötzlichkeit", des „gefährlichen Augenblicks", des „Bild-Schreckens" als Darstellungsform — zentrale Beobachtungskategorien der Untersuchung Bohrers — sollen nicht Thema dieser Arbeit sein.

[5] An dieser Stelle können — ergänzend zu der breitangelegten Untersuchung Bohrers — nur einige der jüngeren Untersuchungen zu Jüngers Frühwerk genannt werden (in chronologischer Reihenfolge):

- Gerhard Loose: Ernst Jünger. Gestalt und Werk, Frankfurt/M. 1957;
- Helmut Kaiser: Mythos, Rausch und Reaktion. Der Weg Gottfried Benns und Ernst Jüngers, Berlin (Ost) 1962;
- Hans Peter Schwarz: Der konservative Anarchist. Politik und Zeitkritik Ernst Jüngers, Freiburg/Br. 1962;
- Karl O. Paetel: Versuchung oder Chance? Zur Geschichte des deutschen Nationalbolschewismus, Göttingen / Berlin / Frankfurt / Zürich 1965;
- Heinz Ludwig Arnold: Ernst Jünger, Mühlacker 1966;
- Wolfgang Günther: Spiel, Kampf und Arbeit als Formen der Selbstbildung im Frühwerk Ernst Jüngers, Kiel 1966;
- Gisbert Kranz: Ernst Jüngers symbolische Weltschau, Düsseldorf 1968;
- Armin Kerker: Ernst Jünger — Klaus Mann. Gemeinsamkeit und Gegensatz in Literatur und Politik. Zur Typologie des literarischen Intellektuellen, Bonn 1974;

— Volker Katzmann: Ernst Jüngers magischer Realismus, Hildesheim / New York 1975.

[6] Die wichtigsten Anregungen verdanken wir dem Essay von G. Deleuze und F. Guattari: Anti-Ödipus, Frankfurt 1974.

[7] Vgl. dazu Klaus Theweleit: Männerphantasien, 1. Frauen, Fluten, Körper, Geschichte; 2. Männerkörper — zur Psychoanalyse des weißen Terrors, Reinbek 1980.

[8] Ernst Jünger: Sämtliche Werke (18 Bde.), Stuttgart (Klett/Cotta) 1978—1983; Bd. 1: Tagebücher I, „In Stahlgewittern", S. 11—300.

[9] Siehe Ulrich Böhme: Fassungen bei Ernst Jünger, Meisenheim a. Gl. 1972; hier: S. 42 f.

[10] Ernst Jünger: Werke, Stuttgart (Ernst Klett) 1961 ff.

[11] Auf der Copyright-Seite der Erstausgabe von 1922 wird folgender Hinweis des Verlages abgedruckt:

„Von diesem Werke wurden einhundert Stücke auf bestes holzfreies Papier gedruckt, von 1—100 numeriert und vom Verfasser gezeichnet."

[12] In einem Verlagsprospekt des Klett-Verlags wird die Neuauflage der „Stahlgewitter" (parallel zu den „Werken" erscheint „In Stahlgewittern" als Einzelausgabe) folgendermaßen angekündigt:

„ ‚In Stahlgewittern' ist jenes Buch, mit dem Ernst Jünger im eigentlichen und übertragenen Sinne in die Weltliteratur eingetreten ist. Dieses Buch mit seinem Titel ist selbst zur Mythe geworden. Als ein Denkmal höchster Mannesbewährung steht es auf der Grenzscheide zweier Welten, zwischen dem sagenumwobenen, ruhmbeglänzten Reich des Einzelkämpfers und der neuen Realität der atomaren und bakteriellen Maschinenkampfmittel.

Unsere Jungens und unsere jungen Soldaten der Bundeswehr wie den noch überlebenden Hunderttausenden von Kämpfern des Douaumont, des Chemin des Dames, von Langemarck und Cambrai, von der Somme und von Verdun, wie auch allen denjenigen, die jenseits von Politik und Nützlichkeitserwägung sich den Sinn für männliche Größe in tragischer Bewährung erhalten haben, mag diese Neuausgabe, die das Werk nach zwanzig Jahren erstmals wieder zugängig macht, willkommen sein." Zit. nach Reimar Lenz: ‚Wieder winkte ein blutiges Fest'. Zur neuen Auflage von Ernst Jüngers ‚In Stahlgewittern', in: alternative 6. Jg. (1963), S. 10—15; hier: S. 14.

Lenz kommentiert diesen Verlagsprospekt so:

„Heute also werden die blutigen Mythen von 1914 kommerziell verramscht. Der unpolitische Gide, der rechtsradikale Juin und Professor Heuß müssen als Gut-Achter (sic!) herhalten, um im Atomzeitalter dieses Buch kaufkräftig zu machen — ‚jenseits von Politik und Nützlichkeitserwägung'. ‚Der letzte Mythos des europäischen Geistes' ist nicht Kunst, Wissenschaft, Fortschritt oder was sonst immer, sondern nach dem Phrasen-Prospekt ‚der Krieger in Stahlgewittern', der Aktivist europäischer Selbstzerfleischung."

[1] Vgl. Karl Prümm: Die Literatur des soldatischen Nationalismus der zwanziger Jahre (1918—1933). Gruppenideologie und Epochenproblematik, 2 Bde., Kronberg/Ts. 1974.

[2] Liebchen, S. 12 f., zeigt in ihrer kritischen Besprechung der Arbeit Prümms die Schwächen eines Ansatzes auf, der sich hinsichtlich der politischen, ökonomischen und ideologischen Bedingungen literarischer Produktion weithin mit Selbstdeutungen der Autoren und mit Spekulationen begnügt.

[3] Liebchen, S. 13.

[4] Diese Prinzipien verfolgt Liebchen bei ihren umfangreichen Recherchen über Verlage, Auflagen, Publikumsreaktionen usw.

[5] Selbst bei einer Studie wie der von Armin Kerker, die sich kritisch und in ihrer politischen Beurteilung unzweideutig mit dem Werk Jüngers auseinandersetzt, finden sich gelegentlich Übernahmen der Jüngerschen Selbstdeutungen, z. B. was seinen Ästhetizismus und seine Koketterie mit Vitalismus und Todessehnsucht angeht; vgl. Kerker, S. 72 ff. Vgl. auch Liebchen, S. 14, zu der (von Prümm übernommenen) These Kreuzers,„ ‚das Frontliteratentum der radikalen Rechten' sei eine ‚Ausformung der Bohême in den zwanziger Jahren' ". Zum Problem des Ästhetizismus bei Jünger vgl. auch Rainer Stollmann: Ästhetisierung der Politik. Literaturstudien zum subjektiven Faschismus, Stuttgart 1978, S. 12—47.

[6] Vgl. Liebchen, S. 87; dort heißt es wörtlich: „Vor allem das Debüt Jüngers beim Mittler-Verlag (verweist) darauf, daß es verfehlt wäre, den ‚frühen' Jünger als Literaten zu betrachten und von der spezifisch literarischen Qualität der Kriegsbücher ausgehend nach ihrer potentiellen gesellschaftlichen Funktion zu fragen."

[7] Vgl. Liebchen, S. 87 ff.; an ihrer Darstellung orientieren sich die nachfolgenden Gedankengänge.

[8] Vgl. Liebchen, S. 94.

[9] Liebchen, S. 97.

[10] Ebda.

[11] Friedrich Bendziula (Hg.): Der Stahlhelm. Bund der Frontsoldaten. Führerhandbuch, Magdeburg 1925, S. 200; zit. nach Liebchen, S. 97.

[12] Liebchen, S. 99.

[13] Vgl. Liebchen, S. 97 ff.

[14] Siehe Liebchen, S. 98.

[15] Liebchen, S. 139—144.

[16] Liebchen, S. 98.

[17] Liebchen, S. 143.

[18] Eine Zusammenstellung nach Zeitschriften unter Berücksichtigung der Bearbeitungen und Wiederabdrucke früherer Beiträge findet sich bei Loose, S. 371—376; eine chronologische Aufstellung, die auf der von Loose beruht und Korrekturen einarbeitet, gibt Liebchen, Anhang; siehe auch Hans-Peter des Coudres: Bibliographie der Werke Ernst Jüngers, Stuttgart 1970, S. 50—56.

[19] Liebchen, S. 156.

[20] Ebda.

[21] Liebchen, S. 151 f.

[22] Zit. nach Liebchen, S. 155.

[23] Liebchen, S. 204.

[24] Vgl. Liebchen, S. 224.

[25] Vgl. Liebchen, S. 225; über Jüngers Weg in den esoterischen Ästhetizismus vgl. Stollmann, bes. S. 26 ff. u. S. 171 ff.

[26] Böhme, S. 3. Der Ausdruck „Manie der Bearbeitungen und Fassungen" stammt von Jünger selbst; Böhme zitiert aus einer „brieflichen Mitteilung" Jüngers (v. 15. 7. 1964) an ihn; s. Böhme, ebda., Anm. (9).

[27] Böhme, S. 8.

[28] Zur Neuerscheinung vgl. die bereits zitierte Rezension von Lenz. Zu den Auflagen der verschiedenartigen Ausgaben siehe des Coudres, S. 7 f.

[29] Böhme, S. 7 ff.

[30] Vgl. Liebchen, S. 17 ff.; S. 86 ff. et passim. In ihrer Einleitung sagt Liebchen zum Problem der Fassungen und Bearbeitungen: „Zu den Primärtexten ist noch folgendes zu sagen. Ernst Jünger geht und ging sehr großzügig mit Textänderungen um. Von den „Stahlgewittern" zum Beispiel lag mit der 16. Auflage 1935 bereits die vierte Bearbeitung vor, ohne daß dies im Buch selbst vermerkt worden wäre. Auch intime Jünger-Kenner scheinen nicht sicher zu sein, ob schon alle Fassungen der Jünger-Werke registriert sind. (...) Jünger zeigt sich wenig geneigt, Rechenschaft zu geben über Umfang und Absicht seiner Bearbeitungen; er trägt, im Gegenteil, noch dazu bei, von den Textänderungen abzulenken. Er konstatiert einen ‚ameisenhaften Trieb, am beschriebenen und bedruckten Papier herumzuminieren, sobald es mir wieder vor die Augen kommt' und flüchtet in die These vom angeblich unzureichenden Instrument Sprache."

Das Jünger-Zitat entnimmt Liebchen den „Werken" (W10, S. 407). Vgl. auch des Coudres, S. 6—9.

[31] Siehe Böhme, S. 9; ebda., Anm. (8).

[32] Vgl. Böhme, S. 10 f.

[33] Siehe Böhme, S. 7 f. Zur sozialkulturellen und politischen Positionsbestimmung des Mittler-Verlags s. Liebchen, S. 19 u. S. 87 ff.

[34] Siehe Böhme, S. 7. Der Mittler-Verlag sah es nach eigenem Bekunden als seine Pflicht an, „das unvergängliche Heldentum der Front, ihr übermenschliches Kämpfen und großes Sterben für die kommenden Geschlechter lebendig zu erhalten" (zit. nach Liebchen, S. 19).

[35] Vgl. Theweleit 2, S. 158 u. S. 188 ff.

[36] Vgl. Liebchen, S. 86 ff.

[37] Zit. nach Böhme, S. 23.

[38] Böhme, S. 23. Eine andere Bewertung gibt Loose, S. 31, der Überarbeitung bzw. Streichung dieses Schlusses.

[39] Die ersten vier Auflagen der „Stahlgewitter" im Mittler-Verlag waren mit jeweils 2000 Expl. erschienen; mit der Neubearbeitung von

1924 wurden 7000 Expl. aufgelegt, dann bis 1928 jährlich 3—4000 Expl. nachgedruckt; die 10. Aufl. von 1929 wird auf 10 000 heraufgesetzt (Kriegsliteratur-Welle); vgl. Liebchen, S. 145 f. und Anhang 1.

[40] Vgl. Liebchen, ebda.

[41] Siehe Böhme, S. 23 f.; des Coudres hat die Erzählung 1963 unter dem Titel: Ernst Jünger: Sturm, in Olten herausgegeben und mit einem Nachwort versehen; s. auch Schwarz, S. 263—266.

[42] Siehe Liebchen, S. 147.

[43] Als Erscheinungsjahr wird allgemein 1925 genannt, das Buch erschien aber bereits im Herbst 1924.

[44] Böhme, S. 31; siehe auch S. 28 u. S. 32.

[45] Siehe des Coudres, S. 8.

[46] Siehe Böhme, S. 7.

[47] Siehe Böhme, ebda.

[48] Karl O. Paetel: Ernst Jünger. Eine Bibliographie, Stuttgart 1953; hier: S. 43 ff.; des Coudres, S. 58 f.

[49] Böhme, S. 35.

[50] Ein Exemplar dieser Auflage wurde (als Repräsentant der 5. Fassung) im Kap. IV dieser Arbeit gelegentlich zum Vergleich herangezogen.

[51] Siehe Böhme, S. 42.

[52] Ebda.

[53] Ebda.

[54] Zit. nach Böhme, ebda.

[55] Orages d'acier. Souvernirs du front de ‚France' (1914—1918). Trad. par F. Grenier, Paris (Payot) 1930; siehe auch Böhme, S. 45.

[56] Siehe Böhme, S. 47 ff.

[57] Böhme, S. 50.

[58] Böhme, S. 51 f.

[59] Siehe Böhme, S. 52.

[60] Jünger beteiligt sich selbst an der Mystifikation seiner „Bearbeitungsmanie" und liefert den Spekulationen über seine Motivlagen eigene Deutungen. Böhme zitiert aus einem Brief Jüngers an ihn vom 17. 12. 1965 (Böhme, S. 5 f., Anm. [22]): „Das Wort kann das schweigende Sein, dem es entstammt, nie wirklich erfassen. Alles Vergängliche ist nur ein Gleichnis, und zum Vergänglichen gehören auch Sprache und Wort. Daher auch die Sorge, daß es nicht genüge — Fassungen umkreisen das Unfaßbare und können es nur aussparen." — Auch in der „Außendarstellung" definiert sich Jünger mit seinem literarischen Schaffen gern als „phantastische Existenz"; vgl. Ernst Jünger: Auf eigenen Spuren, in: W10, S. 417.

[61] Arnold, S. 20 f.

[62] Liebchen, S. 47 u. S. 223 f. (im Zusammenhang mit den Fassungen von „Das Abenteuerliche Herz", 1929 und 1938).

[63] Liebchen, S. 166 f.

[64] Zu dem von Norbert Elias: Über den Prozeß der Zivilisation (1936), 2 Bde., Bern/München 1969, S. 378 ff. entlehnten Begriff der „Zweifrontenschichten" siehe Theweleit 1, S. 339; eine breitere Entwicklung dieses

Konzepts mit Thesen zu den Zweifrontenschichtmännern des wilhelminischen Staates bietet Theweleit in Bd. 2, S. 344 ff.

[65] Siehe Theweleit 2, S. 345.

[66] Theweleit 1, S. 381.

[67] Ebda.

[68] Theweleit 1, S. 364 ff.

[69] Ebda., S. 369 ff.

[70] Siehe Theweleit 1, S. 114.

[71] Vgl. den Abschn. „Einzelteilganzheit ‚Stahlgestalt' " in Theweleit 2, S. 158—163.

[72] Siehe Theweleit 2, S. 210 ff.

[73] Theweleit 2, S. 164.

[74] Theweleit 2, S. 155.

[75] Theweleit 2, S. 156 f.

[76] Siehe Theweleit 2, S. 264; S. 270; S. 272; S. 274.

[77] Ausführlich dazu bei Theweleit 2, S. 268 ff.

[78] Ebda. u. S. 270.

[79] Theweleit 2, S. 278 ff. et passim.

[80] St, S. 291.

[81] Siehe Theweleit 1, S. 221—230; 2, S. 341 f.

[82] Theweleit 2, S. 230; S. 236; S. 294.

[83] Siehe Theweleit 2, S. 184; siehe auch 2, S. 294 u. S. 341.

[84] Theweleit 2, S. 341.

[85] Vgl. Theweleit 2, S. 353.

[86] Siehe Theweleit 2, S. 184; siehe auch Theweleit 1, S. 211; S. 221; S. 223.

[87] Theweleit 1, S. 221 f.

[88] Ebda.

[89] Ebda.

[90] Ebda.; siehe auch Theweleit 2, S. 341.

[91] Theweleit 2, S. 127.

[92] Theweleit 2, S. 204 u. S. 220.

[93] Ein Etikett, mit dem sich Jünger heute — z. T. in bewußter Mystifikation seiner Gesprächspartner — gern schmückt.

[94] Transskript eines mitgeschnittenen Fernsehinterviews („Titel — Thesen — Temperamente" der ARD vom 18. 8. 1982, 21.10 Uhr) anläßlich der bevorstehenden Verleihung des Goethepreises der Stadt Frankfurt an E. Jünger.

III. Zur Erzählstruktur des „Kriegstagebuches"

[1] St 1925, S. XIII. Diese (sechste) Auflage enthält noch alle Vorwörter, d. h. zur 1., 2. und 5. Auflage. In der Bearbeitung von 1934 (veröff. 1935) werden sie herausgenommen.

[2] St 1925, S. XII.

[3] Böhme, S. 9, Anm. (6).

[4] Böhme, S. 9.

[5] Ebda.

[6] Böhme, ebda., Anm. (8).

[7] Ebda. Es erscheint mir von der Aufgabenstellung her als unsinnig, daß Böhme diese Notizen mit einer Passage der „Werke" vergleicht (siehe W1 [Tagebücher I], S. 520 f.). Diese Bearbeitung stellt ja nach Böhmes eigenen Angaben bereits die *sechste* Fassung dar, zwischen ihr und der „Vorlage" liegen mehr als vierzig Jahre!

[8] Böhme, S. 10; siehe auch Loose, S. 31 f.

[9] St 1925, S. XIII.

[10] Böhme, S. 10.

[11] Vgl. Böhme, ebda. In der Fassung von 1924 sind viele der später namentlich genannten Personen entweder nur mit ihren Initialen oder mit ihrer Funktion (z. B. „mein Bursche", „die Ordonnanz des Bataillonskommandeurs" o. ä.) bezeichnet.

[12] Vgl. die Ankündigungen und Rezensionen, die Liebchen zum Erscheinen der ersten Kriegstagebücher Jüngers, vor allem zu den „Stahlgewittern", zitiert. Die Rezensenten rühmen danach Jüngers Bericht als „einfach, wahr, schlicht" (Liebchen, S. 161), gelobt wird der „tiefe, lebenswahre Eindruck des Kämpfers" (ebda.); „je mehr die Erinnerung" — so eine andere Pressestimme — „an die deutschen Großtaten im Weltkriege verblaßt, desto wichtiger wird es, derartige Taten aufzuzeichnen und den Nachfahren aufzubewahren" (nach Liebchen, S. 163).

[13] Vorwort zur 1. Aufl., zit. nach St 1925, S. IX.

[14] Siehe Böhme, S. 21.

[15] Siehe Böhme, S. 22; diese Feststellung gilt besonders für die 5. Auflage ff., d. h. die *dritte* Fassung der „Stahlgewitter", die sehr stark auf die Erwartungen der Freikorps- und Stahlhelm-Führungskreise reagierte; vgl. Liebchen, S. 156 ff.

[16] Böhme, S. 44 f.

[17] Vorwort zur 5. Aufl., St 1925, S. XIII.

[18] Vgl. das Vorwort zur 1. Aufl., zit. nach St 1925, S. VIII.

[19] Theweleit 2, S. 188.

[20] Ebda.

[21] Zitiert wird nach der 6. Aufl. (16.—18. Tsd.), Verlag E. S. Mittler & Sohn, Berlin 1925.

[22] Der Text der „Stahlgewitter" in den „Sämtlichen Werken" ist mit dem der „Werke" identisch.

[23] Zitiert wird nach der 18. Aufl. (126.—150. Tsd.), Verlag E. S. Mittler & Sohn, Berlin 1937; der Text der 5. Fassung entspricht weitgehend dem der 4. Fassung; vgl. den Abschn. II, 2 und Anm. 51) daselbst.

[24] Vgl. Bohrer, S. 78 f.; 85 ff.

[25] Vgl. Bohrer, S. 252 ff.; Bohrer spricht dort von der „Ikonographie des ‚Grauens' "; siehe auch Michael Rutschky: Die Ästhetik des Schrekkens. Zu Karl Heinz Bohrers Untersuchung, in: NRs 89 (1978), S. 457 bis 464; hier: S. 460 u. 462 f.

[26] Vgl. vor allem die „Jagdszenen" in den „Marmorklippen", in denen

der Autor teils mit Abscheu, teils in faszinierter Erstarrung das blutdürstige Treiben des „Oberförsters“ (gemünzt auf Göring) in magisch-symbolischen Szenenbildern ausmalt; siehe auch Bohrer, S. 446; Baumer, S. 60 f. u. S. 66.

[27] In den „Marmorklippen“ taucht dieses Schreckensbild (d. h. das Gemälde eines Renaissancemalers, auf dem die ungetreue Geliebte des Fürsten gejagt und geschlachtet wird) als visionäres „Fresko“ wieder auf; vgl. Bohrer, S. 444.

[28] Böhme, S. 10.

[29] 20 Kapitel enthält das Buch seit der 4. Fassung (1934), in der die Schlußteile des 19. Kapitels überarbeitet und neu gegliedert werden.

[30] Siehe Loose, S. 32. Dort heißt es: „‚In Stahlgewittern‘ trägt den Untertitel ‚Ein Kriegstagebuch‘ (das gilt allerdings erst seit der 4. Bearbeitung = 5. Fassung, die 1935 erscheint, J.V.) (...) Die literarische Ausformung der täglichen Notizen sind jedoch von solchem Maß und Durchgriff, daß auf das so entstandene Buch durchaus die Bezeichnung Roman zutrifft. ‚In Stahlgewittern‘ ist ein Bildungsroman — von freilich besonderer Art. Die Hauptgestalt tritt in die Welt, die Welt des Krieges, nicht duldend oder gar widerwillig, sondern begeistert darauf bedacht, sich in dessen Wirbel und Aufruhr zu bewähren. Er handelt, als wäre nur der Krieg, bildet sich zum Soldaten, als gäbe es nur das Handwerk des Krieges. ‚Bella vires formativae‘ sind die Bildungsmächte; sie allein dürfen gelten und wirken. ‚In Stahlgewittern‘ ist das Buch eines Lehrganges, an dessen Ende der Meisterbrief im Kriegshandwerk ausgestellt wird. Der Schlußsatz der letzten Fassung des Romans zitiert das Telegramm, in dem der Divisionskommandeur die Verleihung des ‚Pour le mérite‘ anzeigt (...).

Der Bildungsroman entwickelt sich aus dem Abenteuerroman. Das Element des Abenteuers entfällt jedoch nicht, es wandelt sich nur. Anstelle des Kampfes mit dem Feinde, der merkwürdigen Kreatur, den Elementen tritt das Ringen um die Bestimmung des Menschen. Dieses Bemühen, noch immer außergewöhnlich, merkwürdig, in der Tat: abenteuerlich, wird jedoch vergeistigt. An Stelle des Kampfes mit dem anderen tritt der Kampf mit sich selbst; das Ringen um die Bestimmung ersetzt das Ringen mit den Elementen; die Entdeckungsfahrt führt nicht mehr in den fremden Erdteil, sondern ins eigene Ich.“

[31] Werner Welzig: Der deutsche Roman im 20. Jahrhundert, Stuttgart 1967, S. 150—153.

[32] Dieser Aspekt wird im Abschn. IV, 8 dieser Arbeit noch einmal aufgenommen und am Material eingehender untersucht.

[33] Vgl. Theweleit 2, S. 188. In FBl 1929, S. 76, formuliert Jünger es aus der Stimmungslage des Frontoffiziers so:

„Nicht wofür wir kämpfen, ist das Wesentliche, sondern wie wir kämpfen. Dem Ziel entgegen, bis wir siegen oder bleiben.“

[34] Siehe Böhme, S. 49 f.

[1] Siehe Bohrer. Bereits in einer vorausgehenden Veröffentlichung hatte Bohrer den für seine Auffassung zentralen Wahrnehmungsaspekt des „Schreckens" als leitendes Interpretationsmuster entwickelt; siehe Karl Heinz Bohrer: Der gefährliche Augenblick. Zur Systematik des Plötzlichen, in: MERKUR 32 (1978), S. 242—262. Vgl. die Anm. des Herausgebers zum Titel dieses Aufsatzes, ebda., S. 242.

Auf Bohrers Untersuchung basierend bzw. an diese anknüpfend befassen sich zwei weitere Aufsätze mit diesem Untersuchungsansatz; Michael Rutschky: Die Ästhetik des Schreckens, in: NRs 89 (1978), S. 457—464; Wolf Lepenies: Gesinnungsästhetik. Zu Karl Heinz Bohrers Auseinandersetzung mit Ernst Jüngers Frühwerk, in: MERKUR 32 (1978), S. 1055—1060.

[2] Siehe z. B. Katzmann, S. 9; Rutschky, S. 462; Stollmann, S. 171; dort heißt es: „Angesichts der Wertschätzung, der sich dieser Autor (d. i. Ernst Jünger, J.V.) sogar bei explizit linken Intellektuellen wie H. M. Enzensberger, A. Andersch, Erich Fried erfreut, ist ein etwas ausführlicher Exkurs über Ernst Jüngers Kriegskitsch angebracht. Das bekannte, massenhaft verbreitete Buch Jüngers ‚Der Kampf als inneres Erlebnis' ist von Georgers (d. i. Stefan Georges, J.V.) Furcht vor militärischer Banalität vollkommen frei; es schwelgt im Trivialen, im Kitsch."

Eine der „Abrechnungen" mit der Gestalt und dem Werk Jüngers findet sich in der STREIT-ZEIT-SCHRIFT, H. VI, 2.

[3] Zu den Gestaltungsprinzipien des Essays „Der Kampf als inneres Erlebnis" vgl. Böhme, S. 18. Vgl. auch die bei Liebchen zitierten Rezensionen zu den „Stahlgewittern", dem „Wäldchen 125" und „Feuer und Blut": Liebchen, S. 157; S. 160; S. 161; S. 166; S. 172; S. 174; S. 182; S. 183 f. Dort heißt es z. B.: „Die grausame, ehern harte Wirklichkeit des Krieges drängt sich auf und mit ihr das Bewußtsein, so war der Krieg wirklich und solche Männer gehörten dahin."

[4] Vgl. die bei Liebchen zitierten Leserstimmen, auf die in der vorigen Anm. verwiesen wurde.

[5] Stollmann hat in seiner Untersuchung auf eine Reihe von literarischen Parallelen hingewiesen. Wie bei Jünger, so gibt es auch bei Marinetti die z. T. hymnische Ästhetisierung von Sterben und Vernichtung im Umfeld der Schlachten: „Die Sinne des Faschisten ‚vereinigen' das Gewehrfeuer, die Kanonaden, die Feuerpausen, die Parfums und Verwesungsgerüche zu einer Symphonie." (S. 27)

[6] Vgl. auch FBl 1929, S. 20; Theweleit 2, S. 345 f.

[7] Darauf berufen sich fast alle bei Liebchen, S. 157 ff. zitierten Leserreaktionen ehemaliger „Frontkämpfer".

[8] Vgl. dazu Stollmann, S. 25 ff.; siehe auch Walter Benjamin: Gesammelte Schriften (werkausgabe edition suhrkamp, Bd. 1—12), Frankfurt 1980 (1972); Bd. 8, S. 238—250: „Theorien des deutschen Faschismus. Zu der Sammelschrift ‚Krieg und Krieger'. Herausgegeben von Ernst Jünger"; auf S. 240 heißt es: „Diese neue Kriegstheorie, der ihre Her-

8¼ UTB Volmert/Jünger, In Stahlgewittern 7124

kunft aus der rabiatesten Dekadenz an die Stirne geschrieben steht, ist nichts anderes als eine hemmungslose Übertragung der Thesen des L'Art pour l'Art' auf den Krieg."

[9] Zit. nach Theweleit 2, S. 225. Theweleit bezieht sich bei seiner Analyse auf eine Reihe von Stellen aus KiE und FBl.

[10] Siehe bes. den Abschn. „Ich-Zerfall und Arbeit" in Theweleit 2, S. 223—247.

[11] Margaret S. Mahler: Symbiose und Individuation, Bd. 1: Psychosen im frühen Kindesalter, Stuttgart 1972, S. 68 (zit. nach Theweleit 2, S. 225).

[12] Theweleit 2, S. 225.

[13] Vgl. Theweleit 2, S. 390 f.

[14] Siehe bes. Theweleit 2, S. 91; S. 276 f.

[15] Theweleit 2, S. 188.

[16] Als Motiv findet sich „Leben als organischer Kreislauf" schon beim frühen Jünger: „Irgendwie drängt sich auch dem ganz einfachen Gemüt die Ahnung auf, daß seine Existenz in einen ewigen Kreislauf geschaltet, und daß der Tod des einzelnen gar kein so bedeutungsvolles Ereignis ist." (St 1925, S. 131)

[17] Siehe auch St, S. 74, S. 153 und S. 203. In St 1925, S. 128 heißt es im zweiten zitierten Satz: „Mit dem Begriff des Frühlings hatte sich in diesen Jahren der der gesteigerten Kampftätigkeit fest verbunden, die Anzeichen (...)"

[18] Siehe bes. Schwarz, S. 33 f. u. S. 148 f.; Baumer, S. 13; Kerker, S. 72 ff.

[19] Kerker, S. 74.

[20] Siehe Kerker, S. 75 (Anm. 260).

[21] Die getöteten oder verwundeten Offiziere werden namentlich erwähnt, ihre Treffer anatomisch genau beschrieben; die „Verluste" der „Mannschaften" werden meist nur in Zahlen bilanziert.

[22] Theweleit 2, S. 278; siehe auch Theweleit 2, S. 208 u. S. 350.

[23] Ebda.

[24] Vgl. Lepenies, S. 1057, der diesen Ausspruch Jüngers im Hinblick auf den dokumentarischen/nichtdokumentarischen Charakter seiner Werke ganz anders deutet.

[25] Theweleit 2, S. 376; siehe auch KiE, S. 11 f., S. 14 ff. et passim.

[26] Vgl. St, S. 277.

[27] Siehe z. B. KiE, S. 55: „Gewiß, es hat Zeiten gegeben, die grausamer waren (als dieser Krieg, J.V.). Wenn asiatische Despoten, wenn ein Tamerlan das klirrende Gewölk seiner Horden über weite Länder trieb, lag vor ihnen Feuer, Wüste im Rücken. Die Bewohner riesiger Städte wurden lebendig begraben oder blutige Schädel zu Pyramiden gehäuft. Mit tiefer Leidenschaft wurde geplündert, geschändet, gesengt und gesotten. Trotzdem: Diese großen Würger sind sympathischer (als die heutige „Masse", das „demokratische System")".

[28] Vgl. Theweleit 2, S. 278.

[29] Theweleit 2, S. 223; vgl. auch die zahlreichen Betrachtungen Jün-

gers über das Alleinsein und das „Grauen" der Einsamkeit, z. B. in KiE, S. 92 f.

[30] Vgl. z. B. St, S. 95.

[31] Theweleit 2, S. 182.

[32] Theweleit 2, S. 184 f.

[33] Dort (KiE, S. 19) heißt es wörtlich: „Die Feuertaufe! Da war die Luft so von überströmender Männlichkeit geladen, daß jeder Atemzug berauschte, daß man hätte weinen mögen, ohne zu wissen warum. O Männerherzen, die das empfinden können!"

[34] Vgl. dazu Theweleit 2, S. 371.

[35] Im KiE, S. 54, heißt es: „Ein letztes noch: die Ekstase. Dieser Zustand des Heiligen, des großen Dichters und der Liebe ist auch dem großen Mute vergönnt. Da reißt die Begeisterung die Männlichkeit so über sich hinaus, daß das Blut kochend gegen die Adern springt und glühend das Herz durchschäumt. Das ist ein Rausch über allen Räuschen, Entfesselung, die alle Bande sprenngt. Es ist eine Raserei ohne Rücksicht und Grenzen, nur den Gewalten der Natur vergleichbar."

[36] Theweleit 2, S. 373.

[37] Siehe Theweleit 2, S. 119 ff. u. S. 130 ff. (Abschnitte „Die Rede" und „Augen"). In den „Stahlgewittern" bietet Jünger an einer Stelle eine „rituelle" Deutung für eine „Szene", in der sich seine Leute während der Vorbereitung zu einem Angriff zusammengeschart haben: „Es bot sich hier wieder derselbe Anblick, den ich schon so oft vor Angriffen in mich aufgenommen hatte: das Bild einer im Zwielicht harrenden Schar, die bei Kurzschüssen tiefe, einheitliche Verbeugungen vollführt oder sich zu Boden wirft, während sich die Erregung steigert — ein Bild, das den Geist fesselt wie ein furchtbares, schweigendes Zeremoniell, durch welches das Blutopfer sich ankündigt." (St, S. 277)

[38] Siehe Theweleit 2, S. 177 ff.

[39] Vgl. Theweleit 2, S. 200.

[40] Vgl. Liebchen, S. 61 ff. u. S. 201 ff.

[41] Vgl. Theweleit 2, S. 360 ff. u. S. 364.

[42] Der „heilige Geist" ist ein bis heute (in der Bundeswehr) praktiziertes kollektives Strafritual gegenüber Leuten, die „immer auffallen" oder „ständig aus der Reihe tanzen", die also Anlaß geben zu Kollektivstrafen für die „Kameraden" ihrer Gruppe oder ihrer Stube. Das Strafritual verläuft so: Nachts, im dunklen Raum, stürzen sich die „Kameraden" auf ein verabredetes Zeichen hin auf den „Delinquenten", ziehen ihm einen Sack oder eine Decke über den Kopf und verprügeln ihn wahllos mit Fäusten, Stiefeln, Stöcken usw. Nach dem Strafritual verschwinden die anonymen Peiniger wieder in der Dunkelheit.

Dieses Zeremoniell ist nach den bisherigen Überlegungen zu deuten als ein kollektiver, erotisch-sadistischer „Vermischungsakt" mit dem gehaßten/begehrten Liebesobjekt. Der Unterlegene, der „Andere", der sich nicht monolithisch einfügen läßt (bzw. will) in den Körper und den Funktionsmechanismus der „Truppe", wird in diesem Akt „vergewaltigt", gedemütigt und durch aggressiv-erotische Unterwerfung wieder zu einem geschliffenen, restlos angepaßten Teilchen des Truppenkörpers gemacht. Der „Geist“, der ihm dabei eingebleut wird und ihm die „Flausen“ austreibt, ist noch immer der „heilige Geist“ preußisch-militärischer Erziehung.

[43] Theweleit 2, S. 158.

[44] Vgl. Liebchen, S. 156 ff. et passim.

[45] Eine Kuriosität am Rande: Das rein zufällige Überleben in der Materialschlacht wird von den schriftstellerischen „Kriegern“ als ein entscheidendes Qualitätsmerkmal („herausgeschmolzen“) der „neuen Rasse“ gefordert. Dabei hatten die Offiziere allerdings gute Chancen, unter den „Herausgeschmolzenen“ zu sein: sie bewohnten die tiefsten Unterstände und die am stärksten befestigten Bunker, sie bekamen häufig bessere Verpflegung oder „besorgten“ sich Sonderrationen; sie hielten sich meist weit hinten auf oder folgten (in der Regel) ihren ins Feuer geschickten Soldaten in angemessener Entfernung.

[46] Theweleit 2, S. 160; S. 161.

[47] Theweleit 2, S. 162.

[48] Am Schluß des Buches zählt Jünger seine (14 größeren, vielen kleineren) Verwundungen auf, als Male und Ehrenzeichen eines Kriegers der „neuen Rasse“; vgl. Liebchen, S. 64 f.

[49] Im KiE, S. 55 f. u. S. 62 f., hält Jünger ein Plädoyer gegen eine billige, „unwürdige“ Sinngebung/Rechtfertigung des Krieges durch nationale oder politische Parolen; ein Plädoyer gegen Schlagworte und Kriegspropaganda aller Art (KiE, S. 82 f. u. S. 89); ein Plädoyer gegen „rein moralische“ Rechtfertigungen des Tötens (KiE, S. 82 f.; S. 87 u. S. 100 f.). Siehe auch das Kapitel „Pazifismus“, KiE, S. 40—48.

[50] „Khakifarbene Gestalten“ ist in den „Stahlgewittern“ die häufigste Bezeichnung für den „undifferenziert“, d. h. als „Gewimmel“ auftretenden (englischen) Gegner.

[51] Vgl. bes. St, S. 23 ff.; S. 41 ff.; S. 74 ff.; S. 119 f.; KiE, S. 66 f.

[52] Vgl. bes. die Reflexionen über die wechselseitige Kriegspropaganda und die Verunglimpfung der Kultur der jeweiligen „Feinde“ in KiE, S. 62 f.

[53] Vgl. das Spähtruppunternehmen im Kap. „Regniéville“, St, S. 189 bis 201.

[54] St, S. 197.

[55] St, S. 198.

[56] Vgl. Theweleit 2, S. 369, zu den Erscheinungen der „Feinde“ in der „Bürgerkriegssituation“ des weißen Terrors.

[57] Siehe Theweleit 1, S. 382; 2, S. 10; S. 12; S. 30; S. 273—279.

[58] Theweleit 2, S. 274.

[59] Bei Theweleit 2, S. 275, heißt es weiter: „In der Codierung familialer Auseinandersetzung, in der alle Erhaltungsformen auch erscheinen, vollzieht die Wahrnehmung ‚blutiger Brei‘ die Rache an der Mutter als Hure/Gebärerin und an der erotischen Schwester/Hure, die dem Bruder nicht treu bleibt.“

[60] Theweleit 2, S. 275.

[61] St, S. 22 ff.; S. 41 ff.; S. 75.

[62] Siehe St, S. 42 f.

[63] Theweleit 2, S. 276.

[64] Ebda. Zum Vorstellungskomplex „Gerichtstag halten" siehe FBl 1929, S. 88.

[65] Siehe dazu St, S. 241: „Der Endkampf, der letzte Anlauf schien gekommen. Hier wurde das Schicksal von Völkern zum Austrag gebracht, es ging um die Zukunft der Welt."

[66] Vgl. das Kap. „Gegen Inder", St, S. 149—165.

[67] Vgl. die bereits analysierten Stellen in St, S. 219 f.

[68] Theweleit 2, S. 272.

[69] Theweleit 2, S. 275.

[70] Theweleit 2, S. 272.

[71] Theweleit 2, S. 276.

[72] Die Ausprägung des Bildes und die in ihm zum Ausdruck kommende Betroffenheit des Erzählers lassen unschwer eine Deutung zu: „Deutschland", die mit zarten Farben überzogene, zur Hochzeit „bekränzte" Braut (der Frühling *„ergriff"* — wie ein Sieger, Überwinder — „Besitz von ihr"), die hohe weiße Frau also, zu schützen vor dem Zugriff des Nebenbuhlers und Erbfeindes — das löst die schwärmerischen Ergüsse des von der „Feuertaufe" heimkehrenden Frontsoldaten aus.

[73] In einer ähnlichen Stimmungslage kommentiert der Erzähler die Ereignisse gegen Schluß (St, S. 288): „Jeder wußte, daß wir nicht mehr siegen konnten. Aber wir würden standhalten." In der Fassung von 1934 lautet der zweite Satz: „Aber der Gegner sollte sehen, daß der kriegerische Geist noch nicht ausgestorben war." (St 1937, S. 307)

[74] Vgl. Theweleit 2, S. 343 f.

[75] Für die These von Loose (vgl. Kap. III, Anm. [26] dieser Arbeit), Jüngers „Stahlgewitter" könnten auch als moderner ‚Bildungsroman' gelesen werden, lassen sich unter diesen Vorzeichen vielleicht doch einige Anhaltspunkte finden: Es gibt eine Reihe von (latenten) strukturellen Bezügen zu Goethes „Wilhelm Meisters Lehrjahre", welche als (bewußt oder unbewußt verwendete) Erzählfolie Handlungsmuster geliefert haben könnten — u. a. der allmähliche Aufstieg des Helden (durch Wechselfälle, Irrwege, Rückschläge) zum Meister des Kriegshandwerks; die Überreichung von Auszeichnungen, wo der Held eigentlich mit „einem Anpfiff" gerechnet hatte (vgl. St, S. 128); die Belobigung und glänzende Bestätigung eines verlustreichen und mißlungenen Unternehmens (das vom Helden geführte Stoßtruppunternehmen im Kap. „Regniéville"); die schließliche Erfüllung des höchsten Traumes (in einer Zeit der Fieberträume) bei der Verleihung des Preises durch den Kaiser und die Aufnahme als Ritter in den ‚Pour-le-mérite'-Orden. Anlehnungen und Anspielungen an diese Strukturmuster berechtigen allerdings kaum zu einer Kategorisierung als „Bildungsroman". Der suchende und irrende, aber schließlich zu seiner Bestimmung findende Wilhelm Meister hat wenig zu tun mit dem Kriegshelden, dessen Daseinsbestimmung sich erschöpft in zyklischen, stets zum Ausgangspunkt zurückkehrenden Entladungen,

dessen Lebenssphäre der ewige Krieg ist und dessen Existenz nur ihre Erhöhung findet im eruptiven Rausch — des Alkohols, des Frontabenteuers oder der Schlacht.

[76] Jünger hat diese Szene allerdings erst in der vierten Fassung (von 1934) „mythologisch" ausgeschmückt.

[77] Vgl. KiE, S. 95 u. S. 98.

[78] Theweleit 2, S. 364.

[79] Theweleit 2, S. 362. Weitere Belege dazu in St, S. 227; S. 228; S. 264.

[80] Theweleit 2, S. 363. Siehe auch St, S. 238, wo das Geschehen unter den Augen des höchsten Kriegsgottes stattfindet. Vgl. weiter KiE, S. 97; dort denkt sich der Essayist „eine Gottheit", „die diese bunten Fäden (zwei zu einem Körper verschmolzene Kämpfer, J.V.) sich durch die Hände gleiten läßt — mit lächelndem Gesicht."

[81] Vgl. bes. FBl, 446 f.

[82] Theweleit 2, S. 188 f.

V. ZEITTAFEL

	Biographische Daten zu Ernst Jünger	*Daten der Zeitgeschichte*
1895	29. 3. 1895 in Heidelberg geboren. Vater: Gerichts- und Handelschemiker; zu dieser Zeit Assistent bei dem bekannten Chemiker Victor Meyer.	
1896 bis 1901		Erweiterung und Abrundung des deutschen Kolonialimperiums in Ostasien und im Stillen Ozean; Ausbau des deutschen Heeres (gegen das Veto des Reichstags); 1898 erstes Flottengesetz.
1901 bis 1907	Mehrfacher Umzug von Jüngers Familie: Hannover — Schwarzenberg/Erzgeb. — Hannover — Rehberg / Steinhuder Meer; vielfacher Schulwechsel Ernst Jüngers.	Fortsetzung der deutsch-englischen Bündnisgespräche (Hintergrund: die Aufteilung der kolonialen Interessensphären vor allem in Afrika und Ostasien); Isolation von Rußland; Abstimmung der Seerüstungen. Scheitern der Bündnisverhandlungen Deutschland — England.
1905/6		Erste Marokkokrise: Deutschland interveniert gegen französische Handelspolitik in Nordafrika.
1911	Mitglied der Wandervogel-Ortsgruppe Wunstdorf; enge Bindungen an Bruder Friedrich Georg.	Zweite Marokkokrise („Panthersprung nach Agadir"); diplomatische Niederlage und fortschreitende Isolierung Deutschlands und Österreichs.
1912		Sozialdemokraten werden mit 110 Abgeordneten die stärkste Fraktion im Reichstag; Stärkung des Gewerkschaftsflügels; Rückgang der Konservativen.

	Biographische Daten zu Ernst Jünger	*Daten der Zeitgeschichte*
1913	Flucht aus Schule und Elternhaus in die Fremdenlegion, Einsatz in Algerien und Fluchtversuch; durch diplomatische Vermittlung des Vaters Entlassung nach 2 Monaten (Dez. 1913).	
1914	1. August: Meldung als Kriegsfreiwilliger; 21. August: Notabitur in Hannover; Ausbildung im Füsilier-Rgt. 73 Hannover; 27. 12. erster Einsatz an der Front in der Champagne.	28. 6. Ermordung des österr. Thronfolgerpaares in Sarajevo; nach Ultimaten und diplomatischen Zwischenspielen zwischen dem 1. und 3. 8. Kriegserklärungen Deutschlands an Serbien, Rußland und Frankreich; Eintritt Englands als Bündnispartner Frankreichs in den Krieg.
1915	April: erste Verwundung in Lothringen; danach Meldung zu einem Lehrgang für Offz.anwärter in Döberitz. Beförderung zum Gefreiten, zum Unteroffizier und Fähnrich. Rückkehr zum Inf.-Rgt. 73. Stellungskämpfe bei Douchy und Monchy. Nov.: Beförderung zum jüngsten Leutnant des Heeres.	Stellungskrieg im Westen mit beiderseitigen Durchbruchsversuchen und großen Verlusten: Febr. bis März Winterschlacht in der Champagne; April bis Mai zweite Schlacht bei Ypern, Einsatz von Kampfgas auf deutscher Seite; Mai-Juli: „Loretto"-Schlacht zwischen Arras und Lille; Sept.-Nov. „Große Offensive" — Herbstschlacht in der Champagne.
1916	April: Offiziersausbildungskurs in Croisilles; Rückkehr zum Rgt. 73 und Vorbereitung auf die Somme-Schlacht; zweite und dritte Verwundung; 16. Dez. Verleihung des Eisernen Kreuzes I. Klasse.	Febr. bis Juli Schlacht um Verdun mit 6—700 000 Toten; Schlacht an der Somme mit ca. 1 Million Toten bei Deutschen, Franzosen und Engländern; beiderseitige Erschöpfung aufgrund der verheerenden Materialschlachten; erste Friedensbemühungen, ausgehend von US-Präsident Wilson, scheitern an Deutschland; Anf. Nov.: Oktober-Revolution in Rußland.
1917	Febr. Ernennung zum Kompa-	Kriegsmüdigkeit und pazifisti-

	Biographische Daten zu Ernst Jünger	*Daten der Zeitgeschichte*
	nieführer; Mai Ausbildung in Stoßtruppunternehmen; Juli vierte Verwundung an der Flandrischen Front; Dez. fünfte Verwundung und (4. 12.) Auszeichnung mit dem Ritterkreuz des Hohenzollernschen Hausordens.	sche Strömungen im franz. Heer; Meutereien; Febr./März Rücknahme der deutschen Front zw. Arras und Soissons in die sog. „Siegfriedstellung". Angriffsschlachten der Franzosen und Engländer scheitern unter Verlusten; General Pétain versucht durch brutales Durchgreifen (Verhaftungen und Erschießungen von sozialistischen und pazifistischen Wortführern) die „Disziplin" wiederherzustellen. Englische Offensiven, z. T. mit Tanks, unter Verlusten zurückgeschlagen. Kontakte zwischen den USA und den Mittelmächten scheitern aufgrund der Eröffnung des uneingeschränkten U-Boot-Krieges. Dez. Waffenstillstand mit dem sozialistischen Rußland.
1918	Teilnahme an der März-Offensive („Stahlgewitter"-Kapitel „Die Große Schlacht"); sechste Verwundung und Rückkehr zum Rgt. 73. Abwehr engl. Vorstöße; Aug. siebte Verwundung bei Cambrai; bis Kriegsende im Lazarett; 22. 9. Auszeichnung mit dem „Pour-le-mérite".	3. März Frieden von Brest-Litowsk (zw. Deutschland, Österreich-Ungarn, Türkei, Bulgarien, und Sowjet-Rußland); mehrere große Offensiven des deutschen Heeres in Frankreich bringen nur geringen Geländegewinn, fordern unersetzliche Verluste; ab Juli erfolgreiche Gegenangriffe der Alliierten (durch US-Expeditionskorps verstärkt); Erschöpfung des deutschen Heeres; „Zusammenbruch der Mittelmächte" steht unmittelbar bevor. 28. 10. — 10. 11. Räterevolution in Deutschland: von Kiel ausgehend, verbreitet sie sich über das ganze Reich; 11. Nov. Waffenstillstand.

	Biographische Daten zu Ernst Jünger	*Daten der Zeitgeschichte*
1919 bis 1923	Durch Protektion Unterbringung in der Reichswehr (100 000-Mann-Heer): Zugführer im Inf.Rgt. 16 in Hannover; Arbeit in der Heeres-Vorschriften-Kommission in Berlin.	
1919		Der Völkerbund konstituiert sich (29. 4.) in Genf; 28. 6. Unterzeichnung des Friedensvertrages in Versailles. 19. Jan. Wahlen zur Nationalversammlung; 11. 2. Fr. Ebert zum Reichspräsidenten gewählt. Blutige Niederschlagung der Räterepublik Bayern.
1920	Begegnung mit dem Expressionismus durch den Verleger Paul Steegemann, den Dichtern Kurt Schwitters und Klabund in Hannover. „In Stahlgewittern. Aus dem Tagebuch eines Stoßtruppführers", von Ernst Jünger (...) ersch. im Selbstverlag, entstanden 1918—1919 auf Anregung des Vaters; das am meisten überarbeitete (6 Fassungen, zahllose Auflagen und Ausgaben) und verbreitetste Buch Jüngers (bis heute ca. 300 000 Aufl.).	Nach Kämpfen in Oberschlesien und im Baltikum wüten Freikorps (mit Reichswehreinheiten) gegen sozialistische Bewegungen im Ruhrgebiet (gegen die „Rote Ruhr-Armee"), in Westfalen, in Thüringen und Sachsen und den meisten großen Industriestädten.
1922	Lektüre von Spenglers Hauptwerk „Der Untergang des Abendlandes"; „Der Kampf als inneres Erlebnis"; „In Stahlgewittern" erscheint im E. S. Mittler Verlag.	
1923	31. Aug. Ausscheiden aus der Reichswehr; Erzählung „Sturm" als Fortsetzungsgeschichte im „Hannoverschen Kurier" (abgebrochen); Okt. Immatrikulation	Besetzung des Ruhrgebiets durch franz. Truppen nach Boykott der Reparationslieferungen; passiver Widerstand; Revolten, Sept. Ausnahmezustand

	Biographische Daten zu Ernst Jünger	*Daten der Zeitgeschichte*
	an der Universität Leipzig als stud. rer. nat.; Philosophie-Vorlesungen bei Hans Driesch und Felix Krüger; zeitweilig Landesführer Sachsen des Freikorps Roßbach.	im Reich (faktische Militärdiktatur); Okt. erreicht Inflation ihren Höhepunkt (Rentenmark).
1924		Dawesplan: Neuregelung der Reparationszahlungen; Regierung Marx/Stresemann.
1925	Febr. bis April Studium an der Universität Neapel (Zoologie); „Das Wäldchen 125. Eine Chronik aus den Grabenkämpfen 1918", Entstehung Leisnig 1924. „Feuer und Blut. Ein kleiner Ausschnitt aus einer großen Schlacht", Entstehung Aug.-Sept. 1925; Mitarbeiter der „Standarte" (Wochenbeilage zum „Stahlhelm. Bund der Frontsoldaten"); Beiträge Sept. 1925 bis März 1926.	Deutsche diplom. Offerten an die Sowjetunion und die Westmächte; Räumung des Ruhrgebiets; Beginn der wirtschaftlichen Stabilisierung und einer Phase der internationalen Verständigung.
1926	26. Mai Exmatrikulation und Beginn der Laufbahn als freier Schriftsteller. Mitherausgeber der neuen „Standarte. Wochenschrift des neuen Nationalismus", April bis Aug. 1926; nach dem Verbot Mitherausgeber der Nachfolgezeitschrift „Arminius. Kampfschrift für deutsche Nationalisten"; Beitr. zwischen Nov. 1926 und März 1927.	Aufnahme des Deutschen Reiches in den Völkerbund (8. Sept.); Freundschafts- und Neutralitätsvertrag mit der Sowjetunion; Volksentscheid von Kommunisten und Sozialdemokraten für entschädigungslose Enteignung der Fürsten scheitert knapp; Kanzler Luther (Zentrum) tritt zurück, Marx (Zentrum) übernimmt die Mitte-Rechts-Regierung.
1927	Erste zivile Reise nach Frankreich. Übersiedlung nach Berlin. Kontakte zu nationalistischen und nationalrevolutionären Intellektuellen aller Spielarten. Mitarbeiter der Zeitschrift „Widerstand. Zeitschrift für natio-	Verschiedene Initiativen zur Abrüstung im Völkerbund; Deutsch-französischer Handelsvertrag.

	Biographische Daten zu Ernst Jünger	*Daten der Zeitgeschichte*
	nalrevolutionäre Politik"; Beiträge von April 1927 bis Sept. 1933; Mitarbeit bei „Vormarsch. Blätter für die nationalistische Jugend", Beitr. zwischen Okt. 1927 und April 1929.	
1928		20. Mai Reichstagswahlen: Schrumpfung der „Parteien der Mitte"; starke Gewinne der SPD und KPD; Regierung Hermann Müller (SPD; Große Koalition); Stresemann bleibt Außenminister.
1929	Mitarbeit bei „Die Kommenden. Überbündische Wochenschrift der deutschen Jugend", Beitr. zwischen April 1929 und Sept. 1930; Mitherausgeber „Der Kampf um das Reich". „Das Abenteuerliche Herz. Aufzeichnungen bei Tag und Nacht", Entstehung Berlin 1927/28.	Tod Stresemanns (3. 10.); Ende der wirtschaftl. Konjunktur; Erstarken der nationalistischen Kampfverbände; Anstieg der Arbeitslosenzahlen und drohender Bankrott der Arbeitslosen- und Rentenkassen.
1930		Ende der Koalitionsregierung Müller; Kabinett Brüning (Zentrum) mit Mitte-Rechts-Koalition; wegen fehlender parlamentarischer Mehrheit Regieren durch „Notverordnungen", d. h. es entsteht faktisch eine Präsidialdiktatur unter Ignorierung des Parlaments.
1932	„Der Arbeiter. Herrschaft und Gestalt", Entstehung Berlin Okt. 1930 bis Herbst 1932.	Höhepunkt der Wirtschaftskrise (zeitw. über 6 Mill. Arbeitslose); Hindenburg als Kompromißkandidat wieder zum Reichspräs. gewählt; Kabinett Brüning scheitert (30. 5.); Kabinett Papen bis 17. Nov.; im Juni werden SA u. SS wiederzugelassen; Reichstagswahlen

	Biographische Daten zu Ernst Jünger	*Daten der Zeitgeschichte*
		31. Juli: Nationalsozialisten werden mit 230 Abgeordneten stärkste Partei; 2. Dez. General von Schleicher Reichskanzler.
1933		30. 1. Hindenburg beruft Adolf Hitler zum Reichskanzler: Tag der „Machtübergabe“ an die Nationalsozialisten.

VI. LITERATURHINWEISE

1. Verwendete Primärliteratur

Jünger, Ernst: Sämtliche Werke, 18 Bde, Stuttgart 1978—1983.
— *Werke, Bd. 1—10, Stuttgart, o. Jg. (1961—1965).*
— *In Stahlgewittern. Aus dem Tagebuch eines Stoßtruppführers, 4. Aufl. (9.—11. Tsd.), Berlin 1922.*
— *In Stahlgewittern. Aus dem Tagebuch eines Stoßtruppführers, 6. Aufl. (16.—18. Tsd.), Berlin 1925.*
— *In Stahlgewittern. Ein Kriegstagebuch, 18. Aufl. (126.—150. Tsd.), Berlin 1937.*
— *The Storm of Steel. From the Diary of a German Storm-Troop Officer on the Western Front, transl. by Basil Creighton, London 1929.*
— *Orages d'acier. Souvenirs du front de ‚France', trad. par F. Grenier, Paris 1930.*
— *Der Kampf als inneres Erlebnis, Berlin 1922.*
— *Das Wäldchen 125. Eine Chronik aus den Grabenkämpfen 1918, 5. Aufl. (13.—16. Tsd), Berlin 1930.*
— *Feuer und Blut. Ein kleiner Ausschnitt aus einer großen Schlacht, 4. Aufl., Berlin 1929.*
— *Afrikanische Spiele, Hamburg 1936.*
— *Das Abenteuerliche Herz. Figuren und Capriccios, 7. Aufl., Hamburg 1942.*
— *Auf den Marmorklippen, Hamburg 1939.*
— *Sturm (Oltener Liebhaberdrucke), Olten 1963.*
— *(Hg.): Die Unvergessenen (Mit einem Vorwort und einem Nachwort von Ernst Jünger), Berlin/Leipzig 1928.*
— *Alfred Kubin. Eine Begegnung, Frankfurt/Berlin/Wien 1975.*
Jünger, Friedrich Georg: Erinnerungen an die Eltern, in: Freundschaftliche Begegnungen. Festschrift für Ernst Jünger zum 60. Geburtstag, hg. von Armin Mohler, Frankfurt/M. 1955, S. 207—232.

2. Sekundärliteratur zu Ernst Jünger

Andersch, Alfred: Amriswiler Rede auf Jünger, in: Frankfurter Rundschau, 26. 6. 1973.
— *Achtzig und Jünger. Ein politischer Diskurs, in: MERKUR H. 3 (29. Jg.) März 1975, S. 239—250.*
Arnold, Heinz Ludwig: Ernst Jünger, Mühlacker 1966.

— (Hg.): Wandlung und Wiederkehr. Festschrift zum 70. Geburtstag Ernst Jüngers, Aachen 1965.
Bastian, Klausfrieder: Das Politische bei Ernst Jünger. Nonkonformismus und Kompromiß der Innerlichkeit, Diss. Heidelberg 1963.
Baumer, Franz: Ernst Jünger (Köpfe des XX. Jahrhunderts, Bd. 48), Berlin 1967.
Böhme, Ulrich: Fassungen bei Ernst Jünger, Meisenheim am Glau 1972.
Bohrer, Karl Heinz: Die Ästhetik des Schreckens. Die pessimistische Romantik und Ernst Jüngers Frühwerk, München 1978.
— Ernst Jünger in seiner Epoche, Essay, Westdeutscher Rundfunk, 3. Programm, 21. 2. 1970.
— Der gefährliche Augenblick. Zur Systematik des Plötzlichen, in: MERKUR 32 (1978), S. 242—262.
des Coudres, Hans Peter: Bibliographie der Werke Ernst Jüngers, Stuttgart 1970.
Dahler, Ilse: Sprache und Stil Ernst Jüngers, phil Diss. Gießen 1944.
Freundschaftliche Begegnungen. Festschrift für Ernst Jünger zum 60. Geburtstag, hg. von Armin Mohler, Frankfurt 1955.
Gorsen, Peter: Ernst Jünger. Über den Schmerz, in: Streit-Zeit-Schrift, H. VI, 2 (Sept. 1968), S. 23—27.
Grabowsky, Adolf: Das Freiheitsbild Ernst Jüngers, in: John Stuart Mill. Die Freiheit, hg. von A. Grabowsky, Darmstadt 1973, S. 97 bis 106.
Gruenter, Rainer: Formen des Dandyismus. Eine problemgeschichtliche Studie über Ernst Jünger, in: Euphorion Bd. 46, H. 3 (1952), S. 170 bis 201.
Guenther, Wolfgang: Spiel, Kampf und Arbeit als Formen der Selbstfindung im Frühwerk Ernst Jüngers, Kiel 1966.
Hermand, Jost: Zu Ernst Jüngers „Der Arbeiter“, in: Sammlung 1 (1978), S. 5—11.
Hietala, Marjatta: Der neue Nationalismus in der Publizistik Ernst Jüngers und des Kreises um ihn 1920—1933, Helsinki 1975.
Kämpfer, Wolfgang: Ernst Jünger, Stuttgart 1981 (Sammlung Metzler).
Kaiser, Helmut: Mythos, Rausch und Reaktion. Der Weg Gottfried Benns und Ernst Jüngers, Berlin (Ost) 1962.
Katzmann, Volker: Ernst Jüngers magischer Realismus, Hildesheim/New York 1975.
Kerker, Armin: Ernst Jünger — Klaus Mann. Gemeinsamkeit und Gegensatz in Literatur und Politik. Zur Typologie des literarischen Intellektuellen, Bonn 1974.
Kielinger, Thomas: Der schlafende Logiker. Über Ernst Jüngers Surrealismus, in: MERKUR H. 10 (29. Jg.) 1975, S. 930—946.
Kranz, Gisbert: Ernst Jüngers symbolische Weltschau, Düsseldorf 1968.
Lachmann, Eduard: Die Sprache der ‚Marmorklippen‘. Ein Beitrag zu Ernst Jüngers Stil, in: Wirkendes Wort 4. Jg. (1953/54), S. 91—101.
Lang, H. J.: Wesen und Funktion des Traumhaften in Ernst Jüngers Werk, phil. Diss. Freiburg/Br. 1960.

Lenz, Reimar: ‚Wieder winkte ein blutiges Fest'. Zur neuen Auflage von Ernst Jüngers „In Stahlgewittern", in: alternative 6. Jg. (1963), S. 10—15.

Lepenies, Wolf: Gesinnungsästhetik. Zu Karl Heinz Bohrers Auseinandersetzung mit Ernst Jüngers Frühwerk, in: MERKUR 32 (1978), S. 1055—1060.

Liebchen, Gerda: Ernst Jünger. Seine literarischen Arbeiten in den zwanziger Jahren. Eine Untersuchung zur gesellschaftlichen Funktion von Literatur, Diss. Bonn 1977.

Loose, Gerhard: Ernst Jünger. Gestalt und Werk, Frankfurt/M. 1957.

— Ernst Jüngers Kampf um die Form. Dargestellt an den beiden Fassungen des Buches vom „Abenteuerlichen Herzen", in: Modern Language Notes, Jg. 65 (1950), S. 1—11.

Martin, Alfred von: Der heroische Nihilismus und seine Überwindung. Ernst Jüngers Weg durch die Krise, Krefeld 1948.

Mohler, Armin: Die konservative Revolution, Stuttgart 1950.

— Die Schleife. Dokumente zum Weg von Ernst Jünger, Zürich 1955.

Nebel, Gerhard: Ernst Jünger. Abenteuer des Geistes, Wuppertal 1949.

Paetel, Karl O.: Ernst Jünger. Weg und Wirkung. Eine Einführung, Stuttgart 1949.

— Ernst Jünger in Selbstzeugnissen und Dokumenten, Hamburg 1962.

— Ernst Jünger. Eine Bibliographie, Stuttgart 1953.

Plard, Henri: Ernst Jüngers Wende. „An der Zeitmauer" und „Der Weltstaat", in: Arnold (Hg.): Wandlung und Wiederkehr, S. 117—131.

— La Carriere d'Ernst Jünger (1920—1929), in: Etudes 33 (1978), S. 200—210.

— Ex ordine Shandytorum. Das Schlangensymbol in Ernst Jüngers Werk, in: Mohler (Hg.): Freundschaftliche Begegnungen, S. 95—116.

— Le ‚style fasciste': Ernst Jünger et Drieu de la Rochelle, in: Etudes 34 (1979), S. 292—300.

Prümm, Karl: Vom Nationalisten zum Abendländer. Zur politischen Entwicklung Ernst Jüngers, in: Basis, Jahrbuch für deutsche Gegenwartsliteratur, Bd. 6, Frankfurt/M. 1976, S. 7 ff.

Rutschky, Michael: Die Ästhetik des Schreckens. Zu Karl Heinz Bohrers Untersuchung, in: NRs 89 (1978), S. 457—464.

Schelle, Hansjörg: Ernst Jüngers ‚Marmorklippen'. Eine kritische Interpretation, Leiden 1970.

Schumacher, Hans: Wesen und Form der aphoristischen Sprache und des Essays bei Ernst Jünger. Das Verhältnis von Darstellung und Gewinnung der Formeinheit, phil. Diss. Heidelberg 1957/58.

Schütz, Erhard: Eis(kunst)läufer. Bemerkungen zu Andersch und Jünger, in: Text und Kritik H. 61/62 (1979), S. 63—70.

Schwarz, Hans-Peter: Der konservative Anarchist. Politik und Zeitkritik Ernst Jüngers, Freiburg/Br. 1962.

Sedlacek, Peter: Ernst Jünger und der totale Staat, Stockholm 1973.

Senn, Werner: Der Mensch im Arbeitszeitalter. Das Werk E. Jüngers als Auseinandersetzung mit dem Nihilismus, Diss. Saarbrücken 1971.

Sombart, Nikolaus: Ernst Jünger in uns, in: Streit-Zeit-Schrift H. VI, 2 (Sept. 1968), S. 7—9.
Stern, J. P.: Ernst Jünger. A Writer of Our Time, Cambridge 1953.
Winkler, Eugen Gottlob: Ernst Jünger und das Unheil des Denkens, in: ders., ausgew. u. eingel. von Walter Jens, Frankfurt/M. 1960, S. 112—133.

3. Historische Quellen und Untersuchungen

Bendziula, Friedrich (Hg.): Der Stahlhelm. Bund der Frontsoldaten. Führerhandbuch, Magdeburg 1925.
Bracher, Karl Dietrich: Die deutsche Diktatur. Entstehung, Struktur, Folgen des Nationalismus, Köln ^{3}1970.
— Die Auflösung der Weimarer Republik. Eine Studie zum Problem des Machtzerfalls in der Demokratie, Villingen ^{5}1971.
— Deutschland zwischen Demokratie und Diktatur, Bern/München 1964.
Kühnl, Reinhard: Deutschland zwischen Demokratie und Faschismus. Zur Problematik der bürgerlichen Gesellschaft seit 1918, München 1969.
Kühnl, Reinhard / Hardach, Gerd (Hg.): Die Zerstörung der Weimarer Republik, Köln ^{2}1974.
Kuczynski, Jürgen: Die Geschichte der Lage der Arbeiter unter dem Kapitalismus, Bd. 4: Darstellung der Lage der Arbeiter in Deutschland von 1900—1917/18 (1967); Bd. 5: Darstellung der Lage der Arbeiter in Deutschland von 1917/18—1932/33 (1966), Berlin (Ost).
Neumann, Sigmund: Die Parteien der Weimarer Republik. Mit einer Einführung von Karl Dietrich Bracher (1. Aufl. 1932 unter dem Titel: Die politischen Parteien in Deutschland), Stuttgart 1965.
Niekisch, Ernst: Gewagtes Leben. Begegnungen und Begebnisse, Köln/Berlin 1958.
Prümm, Karl: Die Literatur des soldatischen Nationalismus der zwanziger Jahre (1918—1933), Gruppenideologie und Epochenproblematik, 2 Bde, Kronberg/Ts. 1974.
Ruge, Wolfgang: Weimar — Republik auf Zeit, Köln 1980.
Schüddekopf, Otto Ernst: Linke Leute von rechts. Die nationalrevolutionären Minderheiten und der Kommunismus in der Weimarer Republik, Stuttgart 1960.
Das Tagebuch von Joseph Goebbels, 1925/26. Hg. von H. Heiber, Stuttgart ^{2}1981.
Die ungeliebte Republik. Dokumentation zur Innen- und Außenpolitik Weimars 1918—1933, hg. von Wolfgang Michalka und Gottfried Niedhart, München ^{2}1981.

4. Sozialpsychologische und psychoanalytische Theorien

Adorno, Theodor W. (u. a.): The Authoritarian Personality, New York 1950; abgedr. unter dem Titel: Der autoritäre Charakter, Bd. 2: Studien über Autorität und Vorurteil (Schwarze Reihe Nr. 7), Amsterdam 1969.

Balint, Michael: Therapeutische Aspekte der Regression. Die Theorie der Grundstörungen, Stuttgart 1970.

Deleuze, Gilles / Guattari, Felix: Anti-Ödipus. Kapitalismus und Schizophrenie I (übers. v. Bernd Schwibs), Frankfurt/M. 1974.

Freud, Sigmund: Abriß der Psychoanalyse. Das Unbehagen an der Kultur, Frankfurt/M. 1972 (entst. 1930 u. 1938).

— Bruchstücke einer Hysterie-Analyse. Krankengeschichte der ‚Dora' (entst. 1901), Frankfurt/M. 1960.

— Massenpsychologie und Ich-Analyse. Die Zukunft einer Illusion, Frankfurt 1967.

Fromm, E. / Horkheimer, M. / Mayer / Marcuse, H. u. a.: Autorität und Familie. Vollst. Ausgabe, Bd. 1 Junius-Drucke, o. O. u. Jg. (Paris 1936).

Mahler, Margaret S.: Symbiose und Individuation, Bd. 1: Psychosen im frühen Kindesalter, Stuttgart 1972.

Reich, Wilhelm: Massenpsychologie des Faschismus (Kopenhagen/Prag/Zürich, 2. Aufl. 1934), Köln 1972.

— Die Entdeckung des Orgons. Die Funktion des Orgasmus, Frankfurt/M. 1972.

Theweleit, Klaus: Männerphantasien, 1: Frauen, Fluten, Körper, Geschichte, 2: Männerkörper — Zur Psychoanalyse des weißen Terrors, Reinbek 1980 (Erstausgabe Frankfurt/M. 1977/78).

5. Sonstiges

Benjamin, Walter: Gesammelte Schriften (werkausgabe edition suhrkamp, Bd. 1—12), Frankfurt 1980 (nach den „Werken", 1972).

— Das Kunstwerk im Zeitalter seiner technischen Reproduzierbarkeit, Frankfurt/M. [9]1976.

Elias, Norbert: Über den Prozeß der Zivilisation (1936), Bern/München 1969.

Geschichte der deutschen Literatur von den Anfängen bis zur Gegenwart, Bd. 1—12, hg. von H. G. Thalheim u. a., Bd. 10: 1917—1945 (von e. Autorenkollektiv unter Leitung v. Hans Kaufmann), Berlin (Ost) 1973.

Stollmann, Rainer: Ästhetisierung der Politik. Literaturstudien zum subjektiven Faschismus, Stuttgart 1978.

Vondung, Klaus: Völkisch-nationale und nationalsozialistische Literaturtheorie, München 1973.

Welzig, Werner: Der deutsche Roman im 20. Jahrhundert, Stuttgart 1967.